国家出版基金项目
NATIONAL PUBLICATION FOUNDATION

华北抗日根据地及
解放区文艺大系

陈 晋　郑恩兵　主编

晋察冀日报社
人物志

高露洋　向 回　编

河北出版传媒集团
河北教育出版社

图书在版编目（CIP）数据

晋察冀日报社人物志 / 高露洋，向回编． —— 石家庄：河北教育出版社，2023.12

（华北抗日根据地及解放区文艺大系 / 陈晋，郑恩兵主编）

ISBN 978-7-5545-7683-0

Ⅰ．①晋… Ⅱ．①高… ②向… Ⅲ．①晋察冀抗日根据地－报社－人物志 Ⅳ．① K825.42

中国国家版本馆 CIP 数据核字 (2023) 第 066831 号

书　　　名	晋察冀日报社人物志 JINCHAJI RIBAOSHE RENWU ZHI
编　　　者	高露洋　向　回
责任编辑	姬璐璐　孙中华
装帧设计	郝　旭
出　　　版	河北出版传媒集团 河北教育出版社　http://www.hbep.com （石家庄市联盟路705号，050061）
印　　　制	石家庄众旺彩印有限公司
开　　　本	787毫米×1092毫米　1/16
印　　　张	12
字　　　数	156千字
版　　　次	2023年12月第1版
印　　　次	2023年12月第1次印刷
书　　　号	ISBN 978-7-5545-7683-0
定　　　价	88.00元

版权所有，侵权必究

丛书编委会

顾　问
陈平原　刘跃进　王长华　李　扬

编委会主任
吕新斌

编委会副主任
彭建强　孟庆凯　刘　月

主　编
陈　晋　郑恩兵

副主编
董素山　向　回　汪雅瑛

编　委（按姓氏笔画排序）
马春香　王少军　田浩军　包来军　吉　喆　刘书芳　刘贵廷
关小彬　杨　程　杨春生　宋少净　张　辉　张川平　赵　华
高露洋　郭义强　阎晓宏　梁晓晓

编纂说明

在中国共产党百年发展历程中,文艺始终是党领导人民开展进步事业的有机组成部分,是党在各个历史时期的中心工作的实时反映和重要推动力量。"华北抗日根据地及解放区文艺大系",是一部全面展示抗日战争和解放战争时期华北地区党的历史创造、奋斗风采和形象建构的大型革命历史文艺文献丛书,对于深入研究华北地区革命文艺史、红色新闻史,弘扬伟大建党精神、梳理中国共产党人精神谱系,是必不可少的第一手资料,是我们在新时代坚定树立文化自信的重要思想资源。

一、编纂缘起

抗日战争及解放战争时期,华北地处各方政治与文化力量激烈博弈的前沿,这种特殊政治、军事、文化、地理环境中产生的革命文艺,具有鲜明的地域性特征,是五四新文化运动以来的革命文艺发展史上的突出标识。

但一直以来,由于史料文献整理不足,对华北抗日根据地及解放区文艺的研究,始终未能深入,其独特的地域性实践价值和蕴含的文化创新意义被严重遮蔽。这些史料文献主要以党报党刊的形式呈现，梳理汇编这些党报党刊中的革命文艺史料，借之以探索华北革命文艺的发展路径、发展方向、创造机制和创新经验，是深入贯彻习近平总书记关于"把红色资源利用好、把红色传统发扬好、把红色基因传承好"，"用好红色资源、赓续红色血脉"等系列重要讲话精神的有力举措，也是新时代文艺研究者不可推卸的责任。

2017年6月左右，我们去中国社科院文学所拜访时任所长刘跃进先生，协商合作研究事宜，寻求中国社科院文学所的帮助。请教过程中，刘先生建议我们结合地方特色，做好地方红色文艺文献的搜集整理与编纂出版工作。经过一段时间筹备，2017年底，我们以"河北红色经典系列丛书"为名，正式申报"2018年度河北省省级宣传文化发展专项资金"项目并成功立项，旨在通过选定刊行河北红色经典作品、梳理汇编河北红色经典研究资料、系统阐述河北红色经典发展历史等基础性工作，打造一个集大成式的河北红色经典文献资料库。

项目最初设计共二十四卷，包括六大板块：《河北红色经典史》一卷、《河北红色文艺作品选》六卷、《河北红色经典作家作品索引》三卷、《河北红色经典研究资料汇编》四卷、《〈晋察冀日报〉副刊文学作品全编》六卷、《晋冀鲁豫抗日根据地文艺作品及〈新华日报〉太行版文艺作品汇编》四卷。但在项目实施过程中，我们充分吸收专家意见，认为网络时代和大数据背景下的科研活动有了很大变化，《河北红色经典作家作品索引》与《河北红色经典研究资料汇编》的编纂工作，在当前学术生态中价值不大，并予以取消。同时，在项目实施过程中我们发现，《晋察冀日报》《人民日报》等党报除刊发大量文艺作品外，还有大量记录边区文艺工作者行迹，反映边区戏剧、音乐、文学、美术、舞蹈、曲艺活动与报刊书籍出版发行等各方面情况的文艺史料，以及体现我党文艺方向、方针变化的政策文件与重要领导讲话，是华北地域党和人民对敌作战的重要宣传武器，更是飘扬在华北地区军民心中一面旗帜。这些史料是华北地域革命文艺发生、发展与壮大的真实记录，对我们正确认识革命文艺的特点与历史地位有重要的决定性作用。

为此，我们精心整理了《〈晋察冀日报〉文艺文献全编》《晋冀鲁豫〈人民日报〉文艺文献全编》《〈晋察冀画报〉文艺文献全编》《晋察冀日报社人物志》（共五十一卷），同时收入全国抗战时期和解放战争时期与河北地域相关且被广大群众所喜爱并广泛传唱的红色文艺作品，结集为《河北红色文艺作品选》（共六卷），至此形成丛书目前的五大板块，而且将名称由"河北红色经典系列丛书"改为"华北抗日根据地及解放区文艺大系"，方便以后在此基础上做进一步拓展。

二、地域范围及文艺特质

华北抗日根据地包括当时山东、河北、山西、察哈尔、绥远、热河全部及豫北、苏北、皖北部分地区，分晋绥、晋察冀、晋冀豫、冀鲁豫、山东五大块。1941年，冀鲁豫合并到晋冀豫，称晋冀鲁豫。其中晋察冀抗日根据地作为开辟最早、地域最大、人口最众的模范抗日根据地，是华北抗日根据地的坚强堡垒，牵制和抗击了三分之一以上的华北日军和二分之一的伪军。

在河北及其邻省周边地区开辟与创建华北抗日根据地，是红军长征到达陕北之后党中央迅速做出的重大战略决策。这些根据地地处对日武装斗争最前线，不仅打开了抗战的新局面，成为华北敌后抗战的主战场，而且进行了新民主主义社会的实践探索，对解放战争的历史进程产生了巨大影响，成为我党开辟东北解放区的前进基地和逐鹿中原的战略后方。随着抗日根据地的开辟，延安文艺工作团、西北战地服务团、东北促进纵队干部队、八路军总政治部前线记者团等大批文艺工作者，随同党政干部一道陆续抵达华北，东北、平津的青年学生也纷纷冒着生命危险来到边区。他们一手拿枪，一手拿笔，深入农村与抗战前线，切身体会工农兵的生活，深刻了解工农兵的需求，从而根本上克服了艺术至上主义思想倾向。所以，华北抗日根据地及解放区文艺，既响应了伟大的民族抗战对文学艺术提出的时代要求，亦充分兼顾到广大人民群众的接受习惯和欣赏水平，真实地反映了华北人民火热的战斗与生产生活。很多作者本身就是农民、战士或基层工作者，他们把自己的经历和熟悉的人和事，通过小说、戏剧、诗歌、报告文学、歌曲、绘画、舞蹈等文艺样式记录下来，语言通俗平实，富有生活气息。由于产生于特定时代、特定区域而又适应特定需要，故而无论是题材、语言还是风格，在体现革命大众文艺共性的同时，又具有强烈的华北地域特性。

华北抗日根据地及解放区文艺的繁荣发展，是专业文艺工作者与工农兵群众共同创造的结果。人民群众不仅是革命文艺运动的主导主体、推进主体、受益主体，还是一切成败得失的评判主体。华北抗日根据地及解放区文艺，归根结底，是"以人民为中心"的文艺。

三、学术价值

今天的河北在抗日战争、解放战争时期是晋察冀、晋冀鲁豫两大根据地的中心区域，有着悠久的革命历史传统和丰厚的红色文化底蕴。据不完全统计，抗日战争和解放战争期间，仅晋察冀边区专区以

上就办有报刊四百余种,编印图书五百余万册。如果将这种统计扩大到环绕河北的整个华北抗日根据地及解放区,时间扩展至从中国共产党成立到中华人民共和国成立,数据更为可观。这些红色图书、报刊的出版发行,团结了一大批来自全国各地的著名革命文艺家和专业文艺工作者,其中有大量文艺相关信息,是研究近现代中国革命文艺的重要史料。但因受当时物质条件及复杂局势影响,它们传播范围有限,保存困难,如今已普遍出现老化或损毁现象,面临着消失、断层的危险。

长期以来,由于对抢救、整理和利用红色文艺文献的意义认识不足,现行的科研评价、出版机制亦难以有效刺激科研工作者积极从事老旧报刊等红色文艺文献的系统整理,大量有待整理的红色文艺文献尚未进入学界的视野。特别是华北抗日根据地及解放区的文艺文献,有很多甚至还是学术盲区。如《冀中导报》《救国报》《边政导报》《冀南日报》《团结报》《前进报》《新察哈尔报》《冀热察导报》等各类党报,以及《冀热辽画报》《冀中画报》《北方文化》《五十年代》《新长城》《新群众》《诗建设》《诗战线》等期刊,虽有部分学者对其办报(刊)历程、思想以及传播等方面予以研究,但均无系统的文艺文献整理本。"华北抗日根据地及解放区文艺大系"整理的《晋察冀日报》、晋冀鲁豫《人民日报》、《晋察冀画报》,是当时华北抗日根据地及解放区党报党刊的典型代表,是党的理论和实践同文艺结合的主要媒介和载体,是华北革命文艺重要的传播平台。这些报刊,既客观记录了华北革命文艺的传播与发展,也完整展现了华北革命文艺的特殊使命与风格特征,具有极其重要的史料价值。在此基础上,我们还会将视角延伸到《晋绥日报》《新华日报·太行版》《新华日报·太岳版》等党报,不断地充实这套大型文献史料丛书,以此来系统建构华北抗日根据地及解放区的"文艺史料学"。

四、丛书特色

这套丛书的编纂，主要以抗日战争及解放战争期间华北境内各根据地、解放区出版、发行、制作之图书、期刊、报纸等红色文献中的文艺资料为内容。编纂特色主要包括：

（一）抢救珍贵历史文献，弘扬伟大建党精神。

华北抗日根据地及解放区的红色文献发行于条件艰苦的战争年代，数量少，印制质量粗糙，历经岁月的洗礼，留存下来的品相完好者已经很少，有些到今天已成孤本。这些文献作为特定历史时期和区域的产物，见证了中国共产党领导华北人民争取民族独立和人民解放的伟大历程，反映了华北近代社会的巨大变化，蕴含着珍贵的史料价值和鉴往知来的现实意义，是中国共产党领导的文艺事业、新闻出版事业与意识形态建设发展的历史见证。它们诠释了党的初心和使命，蕴含着坚定的理想信念与崇高的革命精神，到今天仍然具有强大的感染力与说服力，是陶冶情操、磨炼意志，走好新时代长征路的有效精神资源。抢救性搜集、整理与研究这些珍贵历史文献，有利于增强党政干部政治信仰，弘扬伟大建党精神和践行社会主义核心价值观。

（二）文艺与党史密切融合，拓展革命文艺与党史研究的新视野。

革命文艺作品的创作、发表和传播，和党的历史任务和奋斗实践是分不开的。在艰苦卓绝的革命岁月，奋斗前行的中国共产党始终强调，既要拿"枪杆子"，也要拿"笔杆子"。革命的文艺工作者，一手拿枪，一手拿笔，深入农村与抗战前线，以人民大众易于接受和欣赏的形式，宣传党的政策，推行党的方针，为中国共产党顺利完成不同历史阶段的中心任务和伟大使命发挥了独特而重要的作用。本套丛书收入的文献史料，主要是抗日战争与解放战争时期党报党刊中的文艺作品与文艺史料，它们鲜明生动地体现了党的历史，党领导人民争取民族独立、人民解放的奋斗历程和精神面貌，从而为学界从文艺角度研究党史和从党史角度研究文艺提供了有力支撑。

（三）作品汇编与史料梳理并行，还原革命文艺的历史场域。

"华北抗日根据地及解放区文艺大系"的编纂，全面辑录华北抗日根据地及解放区党报党刊上刊登的诗歌、小说、戏剧、报告文学、散文、歌曲、版画等文艺作品，并系统梳理当时文艺发生、发展、传播以及社会各界文艺活动的各类消息和报导，同时选编了大量的河北红色文艺作品作为补充。这种文艺史料与文艺作品的配合整理，还原了革命文艺的历史场域，有利于构建对革命文艺的科学认识。

五、丛书内容

（一）《〈晋察冀日报〉文艺文献全编》共三十八卷：

诗歌三卷

戏剧一卷

小说二卷

文艺评论三卷

文艺史料九卷

外国文艺二卷

散文报告文学十七卷

歌曲版画一卷

（二）《晋冀鲁豫〈人民日报〉文艺文献全编》共十一卷：

诗歌一卷

戏剧、小说、文艺评论一卷

散文报告文学五卷

文艺史料四卷

（三）《〈晋察冀画报〉文艺文献全编》一卷

（四）《晋察冀日报社人物志》一卷

（五）《河北红色文艺作品选》共六卷：

诗歌一卷

戏剧一卷

散文一卷

小说三卷

六、编纂体例

（一）整套丛书题材丰富、门类众多，在体裁上不做强行统一。

（二）丛书中所录作品均为当年报刊发表的原文。为确保丛书的文献性、学术性、专业性和资料性，丛书编辑加工的总原则为保持文献原貌，内容上不做改动。

（三）文字的使用

1. 丛书中文字的使用以 2013 年教育部、国家语言文字工作委员会公布的《通用规范汉字表》为准。

2. 丛书中的古体字、通假字、俗体字，以及所涉及姓名字号、职官地理等专用字，均予保留。

3. 丛书原文字迹模糊残损，但仍可辨认或可依上下文校正，以字外加方框"口"表示；原文缺字或无法辨识，且无法校补，每字以一个方框"口"表示；如无法统计所缺字数，则以"☒"表示。

4. 丛书中数字的使用，保持原貌。

（四）标点符号及其他符号的使用

1. 丛书在不改变原文意义的情况下，将旧式标点改作现行标点符号。

2. 丛书原文中出现代表文字的符号，如"×""△""○""▲"等，保持原貌。

3. 丛书原文中的着重号、专名号等不再保留。

（五）其他

1. 丛书原文中的注释，保持原貌；编者亦出部分注释，供读者参考。

2. 因为原始文献本身产生于战争年代，保存不易，漫漶不清处较多，丛书疏误之处在所难免，希望专家读者批评指正。

七、鸣谢

本套丛书得以顺利面世，要特别感谢中共河北省委宣传部、河北省社会科学院、河北教育出版社的资金支持，以及北京大学陈平原教授、中国社科院文学所刘跃进研究员、南开大学文学院李扬教授、河北师范大学文学院王长华教授等，为丛书编纂提供了多方面的学术支撑；晋察冀日报社老报人及报史研究会诸位老师，中国社科院文学所现代室、中国丁玲研究会、中国现代文学馆各位专家，也在丛书编纂过程中提出了许多建设性意见；院内外的数十位年轻科研工作者，在原文录入和校对方面付出了艰辛劳动，确保了项目的顺利进行。在此一并致谢。

把艺术交给大众（代序）
——祝贺"华北抗日根据地及解放区文艺大系"结集问世

中国社会科学院　刘跃进

由河北省社会科学院文学研究所编纂、河北教育出版社出版的"华北抗日根据地及解放区文艺大系"结集问世，值得庆贺。

文艺是时代前进的号角。1937年7月7日，卢沟桥事变爆发，全面抗战由此而起。广大的爱国知识分子和青年学生，表现出同仇敌忾的民族气节，走出书斋，走出校园，用知识，用智慧，用不屈的精神力量唤醒民众，用实际行动担负起抗日救亡的历史重任。在此后的岁月里，延安文艺和华北抗日根据地及解放区文艺，是中国共产党领导下的两大主体，双峰并峙，展示着那个时代的风貌，引领了那个时代的风气。

随着抗日根据地的开辟，延安文艺工作团、西北战地服务团、东北促进纵队干部队、八路军总政治部前线记者团等大批文艺工作者，随同党政干部一道陆续抵达华北，东北、平津的青年学生也纷纷冒着生命危险来到边区。他们一方面积极创作大量街头剧、活报剧、街头诗、墙头小说、木刻版画、歌曲、舞蹈等革命文艺，开展抗日救亡宣传运动；一方面也通过开办文艺干训班，开展各行业、各阶层甚至全民的文艺创作与评选活动，吸引工农兵群众加入文艺队伍，掀起了"晋察冀一周""冀中一日"等具有深化性质的群众写作运动，以及"创造模范村剧团""穷人乐"等群众戏剧运动，为晋察冀文艺史添上了浓墨重彩的一笔。

说到这里，我想起2009年参加《北平学生移动剧团团体日记》捐赠仪式的一段往事。从1937年到1938年，在中国抗战史上唯一以大学生组成的"北平学生移动剧团"在长达一年半的时间里，历尽艰难，转辗于国民党第五战区的各个战场，演出话剧，创办报纸，宣传抗日，鼓舞斗志，谱写出响彻云霄的时代赞歌。移动剧团的成员每人一周轮流记述，用日记形式记录了那段不平凡的岁月，《北平学生移动剧团团体日记》就是这部历史的记录。它不是写给个人看的私密记录，也不是为将来面世扬名。作者完全出于一种历史责任，真实客观地记录了那段鲜为人知的历史，体现出强烈的史家意识。日记封面上有这样一段题记，"北平学生移动剧团·愿我永恒·中华民国二十七年二月二十三日始·璧华"。孤立地看这部日记，也许没有什么轰轰烈烈的战斗业绩，也没有什么感人肺腑的情感纠结。客观、平实是它的本色，正是这种本色，为那个历史年代留下一段真实。"北平学生移动剧团"的抗日活动，是文艺工作者投身抗日洪流中的一个历史缩影。

随着抗战的胜利，察哈尔省会张家口解放，晋察冀文协、晋察冀剧协、晋察冀音协、晋察冀美协、晋察冀通讯社、晋察冀边区剧社、晋察冀日报社、晋察冀画报社等文化团体随中共晋察冀中央局和军区领导先后开赴华北根据地，一大批文艺工作者也随之来到华北，开展丰富多彩的文艺活动。他们坚持毛泽东《在延安文艺座谈会上的讲话》中指出的方向，一手拿枪，一手拿笔，深入农村与抗战前线，既为切身体会工农兵的生活，也为深刻了解工农兵的需求，从而在根本上克服了自身相当普遍和严重的艺术至上主义思想倾向，为工农兵而创作，为工农兵所利用，以人民大众易于接受和欣赏的形式，普遍写人民大众的生产战斗故事。譬如左翼作家邵子南，于1938年10月随西战团到晋察冀，主持战地社日常工作，主编《诗建设》；1943年整风运动后，他到阜平任小学教员，在反"扫荡"中与群众、民兵一起转移、战斗，还直接在五丈湾跟随李勇的游击组对日寇展开地雷战；1944年5月随团回延安，在鲁艺任教，后调陕甘宁文协搞专业创作，开始大量创作反映晋察冀边区生活的小说。他以亲身体验为基础创作的短篇小说《李勇大摆地雷阵》（后改为《地雷阵》），运用阜平农民群众的语言，以口语化方式讲述了爆炸英雄李勇的抗日故事，明显吸取了民间说唱文学的优点，特别是在白话叙述中还插入不少快板式的韵白，更适合群众的喜好，因而在当时广为流传，家喻户晓，起到了很大的宣传鼓动作用。其他作品，如《荷花淀》《太阳照在桑干河上》《漳河水》《赶车传》《王九诉苦》《孟祥英翻身》《新儿女英雄传》《白求恩大夫》《我的两家房东》《穷人乐》《李殿冰》《戎冠秀》《没有共产党就没有中国》《团结就是力量》《没有土地的人们》《白毛女》等，都是成功的文艺典范，在现代中国文学史上占据比较重要的位置。

在华北抗日根据地及解放区的文艺创作成果中，还有数以万计的文艺作品和极具研究价值的文艺史料刊发在根据地及解放区所办的报刊上。很多作者，本身就是农民、战士或基层工作者。他们把自己的经历和熟悉的人和事，通过小说、戏剧、诗歌、报告文学、歌曲、绘画、舞蹈等文艺样式记录下来，语言通俗，富有生活气息。人民既是历史的创造者，也是历史的见证者；既是历史的"剧中人"，也是历史的"剧作者"。让故事中的人物自己编词、自己表演的创作方式，很好地反映出人民的心声，并让人民群众从生动活泼的艺术作品中得到教育，这确实是一个成功的尝试。

  配合党的中心工作，"把艺术交给大众"，通过文艺唤醒大众，这已成为华北文艺工作者的自觉意识。他们积极响应伟大的民族抗战对文学艺术提出的时代要求，充分兼顾到广大人民群众的接受习惯和欣赏水平，创作了大量的作品，真实地反映了燕赵儿女火热的战斗与生产生活，起到了良好的宣传教育与鼓动激励效果。刘萧无编排新闻报道剧《李殿冰》，编剧与演员一起住到李殿冰家里，以便于熟悉主人公的生活，搜集真实生动的群众语言，还模仿他们的动作，理解他们的心理，甚至还让主人公李殿冰等直接参与剧本的修改和编排。描写群众的生活，邀请群众参与创作，这是当时文艺工作者走群众路线的生动体现。该剧演出后获得当地老百姓的极大赞赏，鲁中实验剧团还专门学习该剧的创作方法，创编了三幕五场话剧《过关》。艾思奇《前方文艺运动的新范例》更是誉其开创了前方文艺的新范例。抗敌剧社的《王老三减租小唱》、冀中火线剧社的话剧《我们的母亲》，也都具有这种特色。

  这些文艺作品，可能略显仓促，有的甚至急就于战火中，所以在素材提炼、人物形象塑造以及语言的使用、细节的刻画等方面还有很多不足。但是，这不是一般意义上的创作，而是燕赵大地为争取民族独立、人民解放的集体记忆和行动号角，是中国革命事业的重要组成部分。华北抗日根据地及解放区的文艺，有很多这样未经沉淀的纪实作品，不管其艺术性如何，但在发动群众、组织群众、铸就抗击日寇和国民党反动派铜墙铁壁方面，发挥了无可替代的作用。20世纪五六十年代，河北地区涌现出大量的红色经典，便是华北抗日根据地及解放区文艺的传承和发展。

  2017年6月，河北省社科院文学所郑恩兵所长来京与我们协商合作研究事宜。我根据所了解的信息，建议他们结合地方特色，做好地方红色文艺文献的搜集整理与编纂出版工作。"华北抗日根据地及解放区文艺大系"就是那次商讨的成果。全书由五个部分组成：第一部分为《晋察冀日报》文艺文献全编，第二部分为晋冀鲁豫《人民日报》文艺文献全编，第三部分为《晋察冀画报》文艺文献全编，第四部分为晋察冀日报社人物志，第五部分为河北红色文艺作品选。全书收录各种文体的作品六千余种，包括小说、诗歌、文艺评论、戏剧、报告文学、散文、文艺通讯、美术、书法和音乐、文艺史料，还有文艺信息、文艺广告，基本涵盖了华北抗日根据地及解放区的文艺创作情况，具有很高的研究价值。

时值中华人民共和国成立七十五周年之际，我们有机会阅读这部皇皇五十余册的"华北抗日根据地及解放区文艺大系"，更加深切地感受到新中国的建立真是来之不易，她是无数条战线的可歌可泣的人们不懈奋斗的结果。在这样一个特殊的日子里，我们感念当年那些有名无名的作者，感谢参与整理工作的学者，当然，更要感激我们这个伟大的时代。

目 录

报社负责人

舒　同 ………………………………………… 3

邓　拓 ………………………………………… 3

胡锡奎 ………………………………………… 4

沙　飞 ………………………………………… 5

洪　水 ………………………………………… 5

胡开明 ………………………………………… 6

吴砚农 ………………………………………… 6

王亢之 ………………………………………… 6

郑季翘 ………………………………………… 7

娄凝先 ………………………………………… 7

张致祥 ………………………………………… 8

李　荒 ………………………………………… 8

刘　平 ………………………………………… 9

谢荒田 ………………………………………… 9

马建民 ………………………………………… 10

陈春森 ………………………………………… 10

张　帆 ………………………………………… 11

宋　汀 ………………………………………… 12

李希庚 ………………………………………… 12

张庆泰 ………………………………………… 12

王子野 ………………………………………… 13

杨永直 ··· 13

范 瑾 ··· 13

周 游 ··· 14

邵红叶 ··· 14

李续刚 ··· 15

黎 韦 ··· 15

陈 道 ··· 16

马寒冰 ··· 16

罗 清 ··· 16

报社初创工作人员

袁同兴 ··· 19

阎恒午 ··· 19

侯 薪 ··· 19

周 明 ··· 20

尤 奔 ··· 20

顾 宁 ··· 21

丁 岳 ··· 21

李琴柯 ··· 22

李素风 ··· 22

特约记者

草 明 ··· 25

柳 杞 ··· 25

钱丹辉 ··· 26

田 野 ··· 26

夏 蓝 ··· 27

杨　朔 …………………………………………… 27

各部门负责人

智良俊 …………………………………………… 31

何瑞亭 …………………………………………… 31

何纪云 …………………………………………… 31

杨国权 …………………………………………… 32

叶克明 …………………………………………… 32

田星云 …………………………………………… 32

张景瀚 …………………………………………… 33

丁　原 …………………………………………… 33

李长彬 …………………………………………… 33

夏　曾 …………………………………………… 34

丁　玲 …………………………………………… 34

徐可倬 …………………………………………… 35

杜导正 …………………………………………… 35

解振兴 …………………………………………… 36

刘鸿志 …………………………………………… 36

李廉士 …………………………………………… 37

戴　琛 …………………………………………… 37

方炎军 …………………………………………… 37

哈文光 …………………………………………… 38

编辑通讯部门工作人员

艾　方 …………………………………………… 41

安　适 …………………………………………… 41

白苹洲 …………………………………………… 41

蔡若虹 …… 42

仓　夷 …… 42

曹国辉 …… 43

陈　驰 …… 43

陈　辉 …… 44

陈　杰 …… 45

陈明才 …… 45

陈平舟 …… 45

陈　英 …… 46

陈　肇 …… 46

程海洲 …… 46

程　予 …… 47

戴　烨 …… 47

邓建桥 …… 48

杜　若 …… 48

方　衡 …… 49

冯兰瑞 …… 49

戈　焰 …… 50

谷受民 …… 50

韩劲草 …… 51

何子健 …… 51

洪　群 …… 51

侯德章 …… 52

胡青光 …… 52

胡　畏 …… 52

靳进华 …………………………………… 53

靳　夕 …………………………………… 53

乐　雄 …………………………………… 54

雷　行 …………………………………… 54

雷　烨 …………………………………… 55

李慕琳 …………………………………… 56

李千峰 …………………………………… 56

李　瑞 …………………………………… 57

李肖白 …………………………………… 57

林　采 …………………………………… 58

林　冬 …………………………………… 58

林　间 …………………………………… 59

林　钧 …………………………………… 59

林　漫 …………………………………… 59

刘　柯 …………………………………… 60

刘　山 …………………………………… 60

刘毅生 …………………………………… 61

刘　钊 …………………………………… 61

娄　霜 …………………………………… 61

鲁　藜 …………………………………… 62

陆　灏 …………………………………… 62

陆振声 …………………………………… 63

罗　夫 …………………………………… 63

罗宗藩 …………………………………… 63

马　加 …………………………………… 64

梅 欧	64
梅 青	65
米 庚	65
秋 浦	65
森 茂	66
申 玮	66
沈 达	66
沈 蔚	67
沈 重	67
孙 犁	68
陶 军	68
田活农	69
田 间	70
田 流	70
田 雨	71
汪解民	71
王大刚	72
王惠德	72
王剑清	72
王 路	73
王 炜	74
王应慈	74
魏 伯	75
沃 渣	75
吴 楚	75

吴　群	76
吴元玉	76
伍　铭	77
夏　风	77
夏　蕾	77
萧　军	78
萧　逸	78
萧　殷	79
辛　毅	80
邢　军	80
徐　兑	81
阎　素	81
杨秉瑞	82
杨昆岚	82
杨　沫	82
杨佩云	83
姚熔炉	83
应唯鲁	84
于浩成	84
余药夫	84
余宗彦	85
羽　山	85
曾文经	86
张布克	87
张大雨	87

张　磊 …………………………………… 87

张文昭 …………………………………… 88

张正光 …………………………………… 88

张正路 …………………………………… 89

赵　保 …………………………………… 89

赵斯金 …………………………………… 89

赵亚萍 …………………………………… 90

甄雨衡 …………………………………… 90

郑　重 …………………………………… 90

周　奋 …………………………………… 91

朱　改 …………………………………… 91

朱助周 …………………………………… 91

祖田工 …………………………………… 92

电务部门工作人员

邸禄申 …………………………………… 95

顾英杰 …………………………………… 95

韩增福 …………………………………… 95

黄庆涛 …………………………………… 95

贾群一 …………………………………… 96

栗发让 …………………………………… 96

梁贵荣 …………………………………… 97

刘长明 …………………………………… 97

刘芳洲 …………………………………… 97

刘仁贤 …………………………………… 97

刘淑芳 …………………………………… 98

卢振华 …………………………………… 98

吕清泉 …………………………………… 98

彭立星 …………………………………… 99

宋儒贤 …………………………………… 99

苏　琴 …………………………………… 99

王茂才 …………………………………… 100

温笑青 …………………………………… 100

辛　明 …………………………………… 100

伊　之 …………………………………… 101

于　忠 …………………………………… 101

张华英 …………………………………… 102

张连达 …………………………………… 102

赵景福 …………………………………… 102

赵景星 …………………………………… 103

郑磊俊 …………………………………… 103

周义民 …………………………………… 104

左　录 …………………………………… 104

出版印刷部门工作人员

白俊卿 …………………………………… 107

薄俊生 …………………………………… 107

蔡善卿 …………………………………… 107

曹子莲 …………………………………… 108

陈化敏 …………………………………… 108

杜志先 …………………………………… 109

侯春妮 …………………………………… 109

侯培元	109
霍进礼	109
贾呈祥	110
康存怀	110
康吉升	110
李德泰	111
李芳昭	111
李焕新	111
李振兴	112
刘炳威	112
刘锡宝	112
刘　志	113
牛步峰	113
钱　奔	114
秦永川	114
沈镇衍	114
田　禾	115
王凤文	115
王士英	115
王书铭	116
许锡林	116
许仲英	117
阎功德	117
杨耀洲	117
岳凤林	118

臧耀东 118

张效舜 118

张一川 118

张云山 119

赵宝春 119

赵继忠 119

郑志坚 120

朱文秀 120

发行与交通部门工作人员

安克成 123

陈文忠 123

杜庆云 123

耿玉云 124

弓春芳 124

焦迎秋 124

李连福 125

李庆荣 125

李　智 125

梁　化 126

刘二铭 126

刘守德 127

刘新江 127

罗凤仪 127

罗　军 128

王吉贵 128

王　毅 ································ 128

谢金堂 ································ 129

张吉堂 ································ 129

赵殿臣 ································ 129

赵国桢 ································ 130

赵正俭 ································ 130

郑朝凤 ································ 130

郑　杰 ································ 130

朱贤忠 ································ 131

行政管理部门工作人员

安志学 ································ 135

白景林 ································ 135

白万珍 ································ 136

曹斗斗 ································ 136

戴国卿 ································ 136

丁国堂 ································ 137

高　济 ································ 137

顾青牛 ································ 137

韩增堂 ································ 138

郝成林 ································ 138

焦世义 ································ 138

李双秋 ································ 139

刘庆贵 ································ 139

刘宪和 ································ 139

刘义庭 ································ 140

刘志祥……………………………………………… 140

吕　枫……………………………………………… 141

罗一德……………………………………………… 141

苏　生……………………………………………… 141

孙秉寿……………………………………………… 142

孙国义……………………………………………… 142

王　云……………………………………………… 142

许　力……………………………………………… 142

宇文岁……………………………………………… 143

宇文喜……………………………………………… 143

负哲平……………………………………………… 143

翟来清……………………………………………… 143

张忠民……………………………………………… 144

赵继英……………………………………………… 144

周玉江……………………………………………… 144

左　珊……………………………………………… 145

晋察冀新华广播电台工作人员

陈叙一……………………………………………… 149

丁一岚……………………………………………… 149

傅英豪……………………………………………… 150

胡　旭……………………………………………… 150

江　炎……………………………………………… 151

蒋金涛……………………………………………… 151

蓝文长……………………………………………… 151

李敦白……………………………………………… 152

林　明 ……………………………………………… 152

柳　荫 ……………………………………………… 152

唐　旦 ……………………………………………… 153

王仁德 ……………………………………………… 153

王志轩 ……………………………………………… 154

魏　琳 ……………………………………………… 154

杨　洁 ……………………………………………… 155

甄顺德 ……………………………………………… 155

郑　还 ……………………………………………… 156

郑　佳 ……………………………………………… 156

郑　宁 ……………………………………………… 156

智世明 ……………………………………………… 157

报社负责人

舒 同

舒同（1906—1998），字文藻，又名宜禄，江西东乡人，中共党员。1937年12月《抗敌报》创刊，由军区政治部领导，由军区政治部主任舒同兼任社长。1998年5月27日在北京病逝。

舒同是当代书法大师，中国书法家协会的创始人之一，曾任中国书法协会第一届主席，第二、三届名誉主席，中国老年书画研究会名誉会长。出版有《舒同字帖》。

邓 拓

邓拓（1912—1966），原名邓子健，笔名丁曼公、向阳生、马南邨等，福建闽侯人，中共党员。1937年9月赴晋察冀边区抗日根据地。1938年4月受命担任抗敌报社主任。1940年11月《抗敌报》改名《晋察冀日报》，邓拓任社长兼总编辑。1945年10月新华社晋察冀总分社在张家口成立，邓拓又担任该社社长。为适应战争的残酷环境，邓拓提出了"游击办报"的思想，带领报社人员转战于阜平、唐县、满城、易县、平山等太行山区，发动大家在"三千字内做文章"。同时为了解决报社在游击转移过程中的负重问题，印刷工人动脑筋想办法，用木头做了个只有30公斤重的轻便印刷机，零件方便拆卸，全部印刷设备轻装化，八头骡子就能拉走办报所需的全部家当，被聂荣臻赞誉为"八头骡子办报纸，三千字内做文章"。在整个战争时期《晋察冀日报》从未停过刊，创造了中外新闻史上的奇迹。

邓拓和他的战友们凭着必胜的信念和顽强的意志，把《晋察冀日报》办成了对敌斗争坚强的思想宣传阵地。晋察冀日报社不仅印报纸，还出版图书。从1938年到1942年的五年内，共出版各类书刊180多种，110万册。1944年5月，报社编辑出版了第一部《毛泽东选集》。

1948年6月，《晋察冀日报》与晋冀鲁豫《人民日报》两报合并为《人民日报》后，邓拓曾在人民日报社、华北局政策研究室、北平市委研究室工作。1966年逝世。

胡锡奎

胡锡奎（1896—1970），湖北孝感人，中共党员。1944年11月至1945年9月，邓拓在党校学习期间，胡锡奎兼任晋察冀日报社社长。1944年，与邓拓主持了《毛泽东选集》的出版工作。1944年5月第一部《毛泽东选集》（晋察冀版五卷本共29篇文章）出版；1945年3月主持再版了《毛泽东选集》（晋察冀版五卷本31篇文章）；1945年还主持编辑了《毛泽东选集》（晋察冀版六卷本共38篇文章），并将出版目录上报党中央获批准，完成了发稿制版程序，后因工作调动，后续工作由邓拓主持完成。《毛泽东选集》（晋察冀版六卷本）于1947年3月出版。1970年10月23日病逝。部分著作收入《胡锡奎纪念文集》。

沙 飞

沙飞（1912—1950），原名司徒传，曾用名司徒怀、司徒振华，笔名眼兵、路涛、白桦、静子等，广东开平人，中共党员。先后担任抗敌报社副主任、摄影科科长。1942年创办《晋察冀画报》，任主任。沙飞的重要作品，如《白求恩大夫》《八路军战斗在古长城》《聂荣臻与日本小姑娘》等都产生了广泛影响。沙飞十分重视对照片底片及档案资料的保存，专门设资料组负责管理，为记录抗日战争留下了十分珍贵的史料。

洪 水

洪水（1908—1956），原名武元博，参加革命后曾用名鸿秀、李德兰、阮山，越南人，中共党员。1938年3月从晋东北特委调到抗敌报社任主持日常工作的副社长。他带领编辑、发行等十几人完成石印报纸的撰稿、校对、印刷工作，迅速恢复了因日寇飞机轰炸而暂停出版的《抗敌报》。同时积极筹划进行设备技术改造，筹备更换铅字，促进铅印机的使用并加快报纸的印刷和发行，扩大《抗敌报》的影响。1938年4月调晋察冀军区抗日军政干校任教员。调来报社接替舒同和洪水工作的邓拓十分敬佩他，写了一首临别诗《赠越南战友洪水》："回首红河创痛深，人间从此任浮沉。北来壮志龙仙运，南国诗情天下心。十载风波三万里，千秋血泪一生吟。东方望眼浪潮急,莫道飘蓬直到今。"

胡开明

胡开明(1913—1997),原名胡启法,学名胡志彪,曾用名胡焜,浙江乐清人,中共党员。1945年任新华社晋察冀总分社副社长、晋察冀日报社副社长和两社机关党委书记。1982年晋察冀日报史研究会成立后,任顾问。1985年春担任《晋察冀抗日根据地》史料丛书主编,1991年完成。1997年4月12日在河北石家庄病逝。

吴砚农

吴砚农(1911—1987),天津人,中共党员。1911年11月出生于天津市一个贫困的手工业工人家庭。1944年调任晋察冀日报社副社长。1987年因病逝世。

王亢之

王亢之(1915—1968),河北深泽人,中共党员。1915年10月2日出生于河北省深泽县城关一个书香世家。1947年12月调晋察冀日报社任总编辑。1948年由晋察冀日报社调人民日报社任副总编辑。1968年3月1日逝世。2001年，天津人民出版社出版了《王亢之纪念文集》，文集内容有王亢之生平，有60位老同志写的回忆文章，还收录了王亢之文稿40篇，包括1945年至1952年王亢之在《冀中导报》和《天津日报》上撰写的社论，以及在党的第八次全国代表大会第二次会议上的发言等。

郑季翘

郑季翘（1912—1984），曾用名郑振成、郑继侨、郑宗周，山西五台人，中共党员。出生于山西省五台县沟南村一个农民家庭。1939年分配到晋察冀通讯社工作，后至民革社工作，不久又调到救国报社任社长、总编辑。1941年《救国报》撤销，调晋察冀日报社任副总编辑。在晋察冀日报社工作期间，化名工人张有财，在《老百姓》副刊连续发文，用通俗易懂的语言宣传党的政策，受到广大群众的欢迎。撰写了《敌寇所谓"对华政策的转换"》《汉奸的自供状》等多篇文章揭露敌人的阴谋，唤醒群众。开展"大生产运动"期间，与战友们一起生产炸药和肥皂，解决物资匮乏问题，支援前线战斗。1984年4月12日在北京病逝。

娄凝先

娄凝先（1910—1984），原名娄海山，字瀛先，山东商河人，中共党员。1943年初调到晋察冀日报社,担任副总编辑,主编边区版。期间除了大量处理记者和通讯员的来稿,也经常与邓拓、张致祥等同志一起为报纸撰写社论、评论等,撰写的文章有时署名,有时不署名,加之所用笔名不详,目前能查到的有《敌伪所谓"大亚洲主义"的内容和本质》《向敌人讨还血债》《加强民兵游击小组的战斗,回答敌人惨绝人寰的暴行》等。1984年11月9日在北京病逝。

张致祥

张致祥(1909—2009),原名管亚强,笔名舒予、至羊、奋若、尹敏等,江苏常州人,中共党员。曾任平西挺进报社社长,晋察冀日报社副总编辑等。1982年参加晋察冀日报史研究会成立大会,任顾问。2009年12月18日在北京病逝。

李 荒

李荒(1916—2014),曾用名李枝伟,辽宁营口人,中共党员。1944年4月任晋察冀日报社副主编、时事主编。1944年2月在《晋察冀日报》上连续发表17位战斗英雄的故事,鼓舞了军民的斗志。1945年10月受命创办《东北日报》,先后任总编辑、副社长、社长。2014年12月4日因病在沈阳逝世。

刘 平

刘平（1913—2007），山西榆次人，中共党员。抗日战争时期，曾担任抗敌报社编辑兼党支部书记，晋察冀通讯社社长，晋察冀日报社编辑、通讯部部长等。1982年参加晋察冀日报史研究会成立大会，任顾问。2007年1月23日因病在北京逝世。

谢荒田

谢荒田（1916—2012），原名谢思聪，字子明，曾用名孙潮，山西临汾人，中共党员。1940年秋，谢荒田调晋察冀军区的抗敌报社，提议建立党总支委员会，将教育党员和职工提高思想政治觉悟、积极发展壮大党组织摆在工作的首位。1941年7月31日，为应对日军"扫荡"，报社社长邓拓、党总支书记谢荒田制定了《反"扫荡"工作提纲》，要求全社人员"充分估计残酷战争环境的新困难、新特点，准备在最紧张的情况下坚持出版铅印报"。报社撤退到滚龙沟后，谢荒田布置放哨、侦察、保卫，以二庄为中心，派出人员昼夜巡逻，侦察敌情，掩护出版报纸。1982年参加晋察冀日报史研究会成立大会，任顾问。2012年10月25日因病在沈阳逝世。

马建民

马建民（1911—1985），河北深泽人，中共党员。曾任《解放》（三日刊）副经理、党支部副书记，晋察冀日报社、人民日报社、北平解放报社秘书长等。1985年8月30日因病逝世。

陈春森

陈春森（1916—2016），笔名黎阳，河北曲阳人，中共党员。1938年被调到抗敌报社任编辑、记者。在极度艰险和困苦的环境中，"一手拿笔，一手拿枪"，坚持"八匹骡子办报""游击办报"整十年。曾任晋察冀日报社编辑、编辑组长、科长、编辑部副部长、报社编委，并担任报纸国内版主编、边区版主编、《国内外大事》专栏主编、《老百姓》副刊主编、专对敌占区的小报《实话报》主编。陈春森既是报社初创时期少数主要成员之一，也是完整参加晋察冀抗日根据地"游击办报"全过程的少数工作人员之一。他在反映根据地军民反抗日寇围攻、"扫荡"情况的野战报多期版面上，常用毛笔写成大字的宣传鼓动口号并套红印在报纸的显著位置，加强了抗日宣传的效果。1948年任《人民日报》编辑部副部长。1949年4月从人民日报社调到铁路，参加接管和建设人民铁路的工作。

1982年2月，为了抢救《晋察冀日报》十年游击办报的史料，与《晋察冀日报》的103位老同志一起创建了晋察冀日报史研究会，并被推选为研究会会长。在任研究会会长的34年间，与研究会的同志们排除各种困难,完成了《晋察冀日报史》《北岳风云:〈晋察冀日报〉报史图像集》《文旗随战鼓》《晋察冀日报社论选》《国内外大事述评集》《抗战之歌》《吹响民族的号筒》《晋察冀日报通讯全集》(16本)等书籍;写作完成了《新闻史上的奇迹——〈晋察冀日报〉》《游击报人》等专题研究文章;组织了报社成立周年纪念会、邓拓新闻思想研讨会、重走当年游击办报路等多种形式的研究和纪念活动。在中国新闻史学会、中国新闻网等举办的中国传媒大会2008年会上,被授予老新闻工作者"中国传媒杰出成就奖"。2016年1月20日因病在北京逝世。

张　帆

张帆(1919—2002),原名张英池,河北清苑人,中共党员。1938年进入中国人民抗日军事政治大学学习。1939年11月毕业后在晋察冀通讯社、晋察冀日报社先后任特派记者、编辑组长、编委。在残酷的敌后抗日战场,长期追随邓拓转战太行山区。在察南、雁北、五台山和冀中平原抗日前线采访,以笔当枪抗击敌军。在1945年9月日寇宣布投降仍盘踞天津时期,化妆进入霸县胜芳,在敌人的刺刀下对天津市工委进行采访,并为我军解放天津、接受敌伪新闻出版机构和电台做了调查和准备工作。国共和谈期间,负责晋察冀日报社和新华社晋察冀总分社采访科工作。1945年底调张家口日报社,在美中军调处(美国、国民党、共产党协调处)采访。

张帆一生笔耕不辍,著有《万里征战长城线》《长城内外》《罗布泊风云》《才子邓拓》《张帆通讯选》等。

宋 汀

宋汀（1918—2013），女，原名宋守莲，内蒙古凉城人，中共党员。1944年8月调任《晋察冀日报》（边区版）副主编。2013年6月10日在北京逝世。

李希庚

李希庚（1917—1989），笔名辛庚，山西文水人，中共党员。1945年起先后任新华社晋察冀前线野战分社副社长，晋察冀日报社编委、编辑部副部长等。1989年5月2日因病在北京逝世。

张庆泰

张庆泰（1905—1990），辽宁沈阳人，中共党员。1938年底到达冀中。曾担任冀中军区火线剧社社长、晋察冀日报社编委、张家口新华广播电台台长等。著有《在西战场》《我们的战友》等。1990年10月18日因病逝世。

王子野

王子野（1916—1994），原名程扶铎，安徽绩溪人，中共党员。1946年任晋察冀日报社编委、编辑部部长，其间创作了大量讽刺国民党顽固派倒行逆施的杂文。长期从事编辑出版工作，曾参与《新华月报》《新华文摘》《读书》《当代》等刊物的创办工作。先后翻译出版有《西洋哲学史简编》《思想起源论》《财产及其起源》《论戏剧》等，主持编纂了《当代中国的出版事业》，文章结集有《槐下居丛稿》《王子野出版文集》《寄情书海——王子野文选》等。

杨永直

杨永直（1917—1994），原名方璞德，安徽桐城人，中共党员。1917年9月出生于江苏常熟。父亲方时裴曾任常熟县知县，是桐城派方宗诚之孙。1947年前往晋察冀日报社工作，任编委、编辑部主任。1948年6月担任人民日报社编辑部主任。1948年底率30余人赴山西太原，创办《山西日报》，任总编辑。晚年著有《回忆录》。

范　瑾

范瑾（1919—2009），女，原名许勉文，浙江绍兴人，中共党员。

祖父是许寿昌，叔祖父是许寿裳，舅舅是范文澜。1939年9月任冀中导报社社长兼新华社冀中分社社长，负责报社的领导工作并撰写社论。1946年1月任晋察冀日报社采访通讯部主任、编委。天津解放后，参与《天津日报》筹办，历任副总编辑、总编辑。2009年1月4日在北京逝世。

周　游

周游（1915—1995），原名夏得齐，笔名周戈、周原、夏梦等，湖南长沙人，中共党员。曾担任新华日报社、子弟兵报社编辑，晋察冀日报社编委、主编。期间创作多篇战地通讯，其中《冀中宋庄之战》以生动的语言报道了八路军痛歼日寇坂本旅团的战斗（该通讯入选"人民文艺丛书"《新闻文选》）。仓夷遇害后，接替仓夷的工作完成了"安平事件"的采访任务，写出《安平事件调查真相》，揭露了国民党假和谈真内战的面目。1949年后曾任北京日报社副社长兼总编辑、北京出版社社长、人民文学出版社党委书记等。1982年参加晋察冀日报史研究会成立大会，任编委。1995年因病逝世。

邵红叶

邵红叶（1912—1990），原名邵伯南，上海人，中共党员。1947年冬任晋察冀日报社编委兼通讯部副部长。1948年任人民日报社通讯部副部长，同年冬任新保定日报社副社长兼总编辑。1949年1月《天津日报》创刊，历任采通部部长、副总编辑、副社长、总编辑。1990年4月2日因病在天津逝世。

李续刚

李续刚（1911—1970），又名李又常，上海人，中共党员。任晋察冀日报社编委。1946年，在栗园庄单独成立广播编辑部，李续刚任部长。1970年2月在北京逝世。

黎　韦

黎韦（1915—1996），曾用名陈永亭，祖籍福建南靖，出生于荷属东印度（今印度尼西亚）苏门答腊棉兰市，中共党员。抗日战争胜利后，先后担任延安《解放日报》评论部副主编、晋察冀新华广播电台台长。1948年接管国民党山东广播电台，组建济南市新华广播电台。1950年2月，随西南服务团来到昆明，同张仁坚、苏明、祝敬迂等人组成临时管理委员会，负责对昆明台的接管移交和建立昆明人民广播电台的工作。1996年10月27日在武汉逝世。

陈　道

陈道（1913—1996），笔名陈稻，福建福州人，中共党员。1945年至1947年在晋察冀日报社任编委、科长。后曾任石家庄日报社副总编辑、总编辑、社长等。1982年参加晋察冀日报史研究会成立大会，任编委。1996年2月27日因病在北京逝世。

马寒冰

马寒冰（1916—1957），原名马国良，福建海澄人，中共党员。抗战胜利后，在晋察冀日报社任编委、编辑部副部长，撰写了《王震南征记》。后在新疆工作期间，创作了大量表现新疆生活情态的歌曲，被人们广为传唱，如《新疆好》《我骑着马儿过草原》等。

罗　清

罗清（1912—2008），曾用名郝文彪、郝威，中共党员。1946年12月到达阜平，担任晋察冀日报社编委、广播电台台长。1947年8月到东北解放区任东北新华广播电台台长兼党支部书记。

报社初创工作人员

袁同兴

袁同兴,生卒年不详,曾用名袁济,笔名漫影、曼影、沙河、园丁等,河北阜平人。七七事变后,任抗敌报社总编辑兼《大公园》副刊主编。1939年任晋察冀边区教育处社会教育科编辑,兼编《救国报》。1947年在上海吴晗、费孝通等人创办的观察杂志社工作。1949年后,曾任武汉财经工人报社编辑。出版有诗集《俚曲短唱》《抗战谣》、鼓词《血战白花岭》,以及《山歌唱不完》《盼到天明出日头》《晋察冀妇女歌谣》《晋察冀根据地抗日民歌选》《中国历代民族英雄故事编》等。

阎恒午

阎恒午,生卒年不详,笔名衡吾、衡芜。1938年3月到抗敌报社工作,任编辑、记者,是最早参加报社工作的成员之一。写有通讯《军政学校野营生活纪实》《唐县民兵是怎样配合田辛庄战斗的》等。

侯　薪

侯薪(1910—1985),原名侯喜全,曾用名李子修、李世泽、侯鸿泰、侯维民,化名江汉、江涛等,河北隆尧人,中共党员。1938

年 4 月到抗敌报社协助邓拓工作，7 月任报社党支部书记。1940 年 1 月到晋察冀边区政府工作。著有回忆录及纪念文集《薪胆录》。1985 年 5 月 19 日在北京病逝。

周　明

周明（1916—2013），原名周国鼎，曾用名周尊彝、周国光，四川巴县人，中共党员。1938 年 6 月在抗敌报社任编辑科长。1941 年 11 月至 1948 年 6 月在晋察冀日报社任编辑组长、经理部部长。1948 年 6 月至 9 月在人民日报社任编辑。1948 年 9 月至 1949 年 12 月在山西日报社任编辑部长。十分关心《晋察冀日报》史料整理工作，1982 年晋察冀日报史研究会成立后任副会长。2013 年 12 月 12 日因病在大连逝世。

尤　奔

尤奔（1917—2013），中共党员。1938 年夏同周明、顾宁、方愈、丁岳等同志先后由延安到晋察冀抗敌报社工作，是早期参与抗敌报社工作的成员之一。在报社运输条件极端困难的情况下，回家乡将自家的猪卖掉，给报社买了匹马，以解决报社运输难题。曾任晋察冀日报社发行科长、财务，以及新华书店经理等。1982 年参加晋察冀日报史研究会成立大会，任编委。2013 年因病在北京逝世。

顾 宁

顾宁（1919—1943），原名牟伦扬，曾用名牟鹏，笔名有司马军城、东方红、塞红等，土家族，湖北利川人，中共党员。1938年5月陕北公学毕业后分配到晋察冀抗敌报社任编辑、记者，开始使用笔名顾宁。在晋察冀日报社工作期间，曾兼任报社自卫队队长和印刷厂厂长，还编印了《报社生活》。在极端艰苦的战斗环境中，奋笔写下大量富有战斗气息的战地通讯、杂文和诗歌。1942年秋调任《救国报》编辑，兼任冀东全区群众文艺组织新长城社理事和《新长城》主编。1943年4月7日，所在部队在丰润白官屯附近被日军包围，在突围过程中不幸中弹牺牲。

顾宁的作品有很多已经散佚，尚存有《我们的宣言》《世界是我们的》《用生命筑起城墙》《太行山的子弟兵》《长河颂》《不要背弃了人民》《给村长们》《绞绳架下的婚礼》《自我批评》等。部分诗作被收入1959年魏巍主编、中国青年出版社出版的《晋察冀诗抄》。邓拓曾评价顾宁的诗"是同天地一样长久的，这样的诗是永生的。这样的诗人才是真正的诗人，这样的诗人才是永生的"。

丁 岳

丁岳（？—1944），原名陈鹤龄，江苏人。1938年夏同周明、顾宁、方愈、尤奔等同志先后由延安到晋察冀抗敌报社工作，任报社编辑、记者。一次一群匪徒来烧报社驻地的仓库，当时只有丁岳一人在场。丁岳幸运脱险,但受到惊吓,一直没有康复,于1944年病逝。

李琴柯

李琴柯(1908—1998),曾用名李荣丰、李元化、方愈,河北抚宁人,中共党员。曾任晋察冀日报社编辑、华北联合大学教师。1998年因病逝世。

李素风

李素风(1918—2012),河北深县人,中共党员。1938年冬到抗敌报社任校对科科长、通讯指导员。1944年冬到晋察冀边区交通局任科员,后到邮政管理局宣化办事处任主任。1947年冬到太原邮电管理局任科长。曾撰写文章总结军邮系统工作经验,刊发在《晋察冀日报》《邮讯》等报刊上。2012年7月15日在北京逝世。

特约记者

草 明

草明（1913—2002），女，原名吴绚文，广东顺德人，中共党员。1931年开始文学创作，主要以顺德缫丝女工的苦难生活和斗争为题材，参与欧阳山创办的进步刊物《广州文艺》的编辑工作。1945年11月25日跟随古大存小分队从延安出发，奔赴东北，开展新解放区的工作。途中在张家口停留的5个月内，选择去晋察冀日报社做特约记者，并经邓拓介绍，到宣化龙烟炼铁厂做工会工作，还负责办《宣化钢铁公司周报》。在张家口5个月的时间里，为《晋察冀日报》写了2篇短篇小说、5篇散文，如《解放了的"虎列拉"》《龙烟的三月》等。著有《原动力》《火车头》《乘风破浪》《神州儿女》等作品。

柳 杞

柳杞（1920—2015），原名蔺凤萼，后改名蔺柳杞，亦作林柳杞，山东郯城人，中共党员。1937年初于中学读书时在萧乾主编的《大公报》文艺副刊发表了第一篇小说《胡子》。1939年初到晋察冀抗日根据地编辑《抗敌》（三日刊）。在抗日战争和解放战争中参加过多次战役，在《大公报》《晋察冀文艺》《子弟兵报》《晋察冀日报》《晋察冀画报》等报刊发表小说、散文和通讯特写。著有长篇小说《长城烟尘》《战争奇观》，小说集《好年胜景》《苍苔履痕》《山径崎岖》，散文集《九尽杨花开》等。

钱丹辉

钱丹辉（1919—2007），曾用笔名丹辉、丁珂、冯戈等，江苏金坛人，中共党员。1938年在晋察冀边区发起组织了诗歌社团"铁流社"，任社长，并与随后赶至晋察冀的战地社成员田间、邵子南等领导了晋察冀的"街头诗运动"。1939年春创办诗歌月刊《诗战线》，任主编。曾任新华社冀热察分社社长、新华社皖南分社社长。1949年后，长期从事新闻宣传和文艺工作。著有诗集《给自卫军》《力量》《丹辉诗选》，诗歌《红羊角》《夜过柿树林》《五月之夜啊》《骆驼刺》，报告文学《挺进华北敌后方的杨支队》（为《〈中国抗战文学名作百篇〉之一》）等。2007年在西安去世。

田　野

田野，生卒年不详，河北满城人，中共党员。1939年9月调至晋察冀边区，主要从事剧本写作，也写诗歌等。创作的剧本主要有话剧《模范国民》（田野、洛汀、朱星南集体创作，田野执笔），多幕话剧《动摇》，三幕儿童歌剧《八路军与孩子》，二幕话剧《童养媳》，独幕话剧《归队》，话剧《如此将军》（集体创作，田野、洛汀执笔）等，共十余部。歌词创作主要有《庆祝胜利》《姆妈，中国共产党》等，共十余首。1944年，调晋察冀边区群众剧社工作。1984年离休后，投身于《西北战地服务团团史》的编写工作，至1989年完成团史初稿。

夏 蓝

夏蓝（1919—2006），原名何大柱，湖南汝城人，中共党员。1939年1月转入中国人民抗日军事政治大学学习。毕业后分配到中共中央晋察冀分局宣传部、政治部工作，一直从事报社编辑、通讯报道等工作。1943年1月负责军队党报《子弟兵报》的编辑工作。2006年3月20日因病在北京逝世。

杨 朔

杨朔（1913—1968），原名杨毓瑨，字莹叔，山东蓬莱人，中共党员。抗日战争胜利后，曾在宣化龙烟铁矿蹲点，创作了反映工人生活的小说《红石山》。1950年12月，以《人民日报》特约记者身份赴朝鲜前线，写出大量战地报道，创作了反映抗美援朝生活的长篇小说《三千里江山》。著有《亚洲日出》《东风第一枝》《生命泉》等。

各部门负责人

智良俊

智良俊（1909—1987），山西定襄人，中共党员。1938年5月调晋察冀边区边政导报社任编辑，后到延安中国人民抗日军事政治大学学习，毕业后到晋察冀日报社任编辑。抗日战争胜利后，任晋察冀新华书店经理。在晋察冀日报社工作期间，曾定期给"新字眼"栏目写稿，专门解释新名词。参加了1947年新版《毛泽东选集》的出版工作。1989年3月4日在北京逝世。

何瑞亭

何瑞亭，生卒年不详，曾任电台报务员、台长。《晋察冀日报》与晋冀鲁豫《人民日报》合并后，任人民日报社电务部主任。后参与《山西日报》的筹办，任电务部部长。1951年太原日报社成立后，曾主持太原日报社的工作。1982年参加晋察冀日报史研究会成立大会，任编委。

何纪云

何纪云，生卒年不详，又名何纪荣。晋察冀日报社成立后，任出版部部长。参与《石家庄日报》的筹办工作。1982年参加晋察冀日报史研究会成立大会，任编委。

杨国权

杨国权（1916—1999），江苏淮阴人，中共党员。1939年至1948年在晋察冀日报社工作，历任记者、编辑、报社出版社副主任、印刷厂厂长等。1982年参加晋察冀日报史研究会成立大会，任编委。1999年在北京去世。

叶克明

叶克明（1911—1997），北京人，中共党员。曾任晋察冀日报社秘书兼总支委。1982年参加晋察冀日报史研究会成立大会，任编委。1997年10月3日在北京逝世。

田星云

田星云（1907—1960），原名田世勋，河北深县人，中共党员。1937年至1945年任晋察冀日报社供应部部长、中共天津市工作委员会委员兼四分区分委书记等。1960年1月23日因病逝世。

张景瀚

张景瀚（1906—1943），字景韩，山西文水人，中共党员。1938年赴延安，后被派往晋察冀边区，任晋察冀日报社电务队队长，经受了游击办报的艰辛考验。曾在阜平马兰村、平山滚龙沟村等地与日寇周旋，带领电务队艰难地完成电报收发任务。1943年在平山县去世，1949年被中央军委追认为革命烈士。

丁　原

丁原（1917—2001），原名马金城，山东临清人，中共党员。1939年分配到晋察冀通讯社任特派记者。1939年8月至1953年1月，曾任晋察冀日报社通讯采访科科长、主编，黎明报社社长，冀察群众报社社长，察哈尔日报社社长，北岳日报社社长等。在抗敌报社和晋察冀日报社工作期间，写有《关于自动悔过的清乡党》《雁北敌寇的新阴谋——晋察冀社通讯》《雁北武装保卫了选举》等通讯文章。2001年8月23日在北京逝世。

李长彬

李长彬（1903—1984），山东蓬莱人，中共党员。1942年后，曾任晋察冀日报社印刷厂厂长和出版部部长、晋察冀新华印刷局局长、晋察冀新华书店总经理、华北新华书店副总经理、新华书店华北总分店总经理、外文出版社副社长、外文印刷厂党委书记兼厂长。1982年参加晋察冀日报史研究会成立大会，任编委。李长彬十分关心对革命战争时期历史记忆的整理，写有《对延安中央印刷厂的回忆和怀念》《报社进出张家口的情况》等多篇回忆文章。

夏 曾

夏曾（？—1941），河北任丘人，中共党员。1939年调抗敌报社任出版部部长。1941年调往涞源地区工作时牺牲。

丁 玲

丁玲（1904—1986），女，原名蒋伟，字冰之，又名蒋炜、蒋玮、丁冰之，笔名彬芷、从喧等，湖南临澧人，中共党员。

抗战胜利后，丁玲准备率延安文艺通讯团去东北，后驻留张家口工作。1946年5月，邓拓邀请丁玲主编《晋察冀日报》的《文艺副刊》，《文艺副刊》于5月27日创刊。7月参加晋察冀土地改革工作团，主编《文艺副刊》的时间并不长。期间在《文艺副刊》上发表了《创刊漫笔》《谈大众文艺——纪念瞿秋白同志被难十一周年》等文章。在《文艺副刊》的发刊词《创刊漫笔》中，思考了副刊的性质、编辑原则等重要问题。1948年，根据在晋察冀边区的土地改革经验写成著名的长篇小说《太阳照在桑干河上》，于1951年获斯大林文学奖二等奖。小说中有些人物的原型正是来自《晋察冀日报》的工作人员。1986年3月4日在北京逝世。

徐可倬

徐可倬（1916—2012），曾用名徐光，江苏扬州人，中共党员。曾任中央机关刊物《解放》发行处副处长。后受委派赴晋察冀边区，在晋察冀日报社工作，曾任晋察冀日报社出版发行部部长。2012年8月8日在北京逝世。

杜导正

杜导正（1923—），幼名杜银光、学名杜毓芷，山西定襄人，中共党员。1946年分到晋察冀日报社，任随军记者、编辑。后任新华社华北军区分社副社长、华北解放军报社副社长、新华社华北总分社采编部副主任、《华北人民》杂志副主编。解放战争期间，写下了《扭转陨二傻》《悼念蔡春吉》等作品。

解振兴

解振兴（1908—1943），山西夏县人。1908年出生在山西省夏县水头镇大张村一个农民家庭。

1938年10月前往抗敌报社工作，并任新闻台台长，负责抄收延安新华总社的电讯。要抄收电讯和译电，由于缺少人手，经常工作到凌晨4点，休息时间非常少。1939年2月，报务科调来陈友杰、黄庆涛、张景瀚；9月又调来田保琛、刘剑秋、王颖、史进宝、郑宝瑜、李英才等人。他们大都是15岁左右的年轻人，解振兴悉心指导他们译电工作，关心他们的日常生活，受到同事们的爱戴。1939年5月晋察冀通讯社成立，发往新华总社的电讯都是由解振兴负责的电台完成的。《抗敌报》改名《晋察冀日报》后，向延安新华总社每月发稿的字数达3万至5万字，解振兴等人的出色工作使全国人民了解了晋察冀边区人民的抗日斗争和根据地建设情况。1943年秋，敌人针对边区进行"扫荡"，晋察冀军区为保存技术骨干力量，输送了一批同志赴延安学习，解振兴也在其中。在赴延安途中经过同蒲路封锁线，在原平县一个山村宿营时与敌人遭遇，解振兴在战斗中英勇牺牲。

刘鸿志

刘鸿志（1920—2019），陕西凤翔人，中共党员。1946年6月调到晋察冀日报社任经理部部长等。2019年12月29日因病在北京逝世。

李廉士

李廉士（1904—1949），原名李发绥，又名李福亭，河南郾城人，中共党员。1945年由延安到张家口接收广播电台，任副台长。1946年10月，国民党军队进攻张家口，率众撤离至晋察冀边区，任晋察冀边区广播电台副台长。1947年11月石家庄解放，又奉命到石家庄接收广播电台，后又回到晋察冀新华广播电台。1948年9月调回新华总社，12月又从新华总社调到邯郸新华广播电台任台长。1949年被派遣到云南去接管昆明广播电台。行至芷江，因长途行军劳累，胃病愈来愈重，在芷江部队留守医院治疗。1949年12月21日因病逝世。

戴 琛

戴琛，生卒年不详，女，安徽芜湖人，中共党员。抗日战争时期，曾任晋察冀边区抗战建国学院研究员及群众干部学校妇女队党支部书记、指导员，华北联合大学群众工作部队主任、党支部书记，晋察冀日报社党支部书记。

方炎军

方炎军（1920—2010），女，山东济南人，中共党员。曾在中国人民抗日军事政治大学学习。曾任中共中央北方局晋察冀分局电台报务员、晋察冀日报社印刷厂党支部书记、人民日报社资料编辑室编辑、山西日报社编辑部编辑等。2010年8月3日因病逝世。

哈文光

哈文光（1915—1984），回族，天津人，中共党员。1945年9月至1947年4月任张家口新华广播电台主任。1946年，国民党向解放区发动全面进攻后，带领贺权业、苏安、徐夫等同志在国民党飞机的轰炸中坚持播出节目。1946年11月开始筹建晋察冀新华广播电台，负责领导土木建筑和物资供应工作。1947年12月在晋察冀军区通信联络处任科长并在高级政治队学习。1948年10月至1949年1月到天津接管干部班集中学习。1984年4月因病逝世。

编辑通讯部门工作人员

艾 方

艾方（1917—1992），山东济阳人，中共党员。1938年毕业于中国人民抗日军事政治大学。曾任晋察冀通讯社和冀中导报社记者、冀鲁豫日报社编委、人民日报社特派记者。写有《吴品山就擒前后》《六分区结束土地改革中的几个问题》等文章。

安 适

安适（？—1942），安徽人，中共党员。1941年3月任晋察冀日报社记者。1942年12月12日在日军对平北的"扫荡"中牺牲。

白苹洲

白苹洲（1906—2008），女，笔名白鸿、北海、木口，浙江舟山人，中共党员。抗日战争胜利后调到晋察冀日报社当编辑，业余时间翻译描写反法西斯战争的短篇小说，在丁玲主编的刊物《北斗》上发表，并参加了当地的土地改革运动。丁玲《太阳照在桑干河上》中一个人物形象便是以白苹洲为原型。2008年8月26日在北京逝世。

蔡若虹

蔡若虹（1910—2002），画家、美术评论家。原名蔡雍，笔名雷蒙、雷萌、岳宏、洪岳、张再学等，江西九江人，中共党员。1939年5月到达延安，在鲁迅艺术文学院美术系任教。1942年2月，与华君武、张谔在延安八路军俱乐部举办三人讽刺画展，联名发表《讽刺画展的作者自白》。5月参加延安文艺座谈会，后任鲁迅艺术文学院美术系主任。1946年2月到北平办《解放》（三日刊），后到张家口任晋察冀日报社美术编辑。6月在山西平定县参加土地改革工作，并创作漫画20余幅，发表在《晋察冀日报》上，后以《苦从何来》结集出版。1948年调人民日报社做美术编辑。著有画集《苦从何来》，诗画集《若虹诗画》和《蔡若虹美术论文集》，回忆录《上海亭子间的时代风习》及《赤脚天堂——延安回忆录》等。2002年5月2日因病在北京逝世。

仓　夷

仓夷（1921—1946），原名郑贻进，曾用笔名洪右举，祖籍福建福清，中共党员。1921年出生于新加坡。1939年4月起先后担任《救国报》和民族革命通讯社记者。1940年秋《救国报》停刊，调到抗敌报社任编辑、记者。在对敌斗争艰苦的环境下，和同志们一起经常带着稿件和手榴弹，一边躲避敌人的"扫荡"，一边编稿出报。根据中共中央"敌进我进"的指示，和同志们挺进"敌后之敌后"，深入敌占区、游击区采访和宣传,协助地方发动对敌斗争,写下了大量有血有肉、动人心魄的新闻通讯和报告文学,如《纪念连》《无住地带》《爆炸英雄李勇》《马老太太——回民支队长的母亲》《我死得明白》《一个小女工》《婚礼》《劳动美化大地》等。

1946年7月29日,美军陆战队和国民党军队进攻冀东解放区的安平镇,制造了"安平事件",并造谣说"共军袭击美军"。为弄清事件真相,"军调部"成立了第二十五特别执行小组,对"安平事件"进行调查。8月8日奉命与萧殷由张家口乘飞机赶赴北平,参加该小组的采访活动。因遭到刁难,未能从张家口直飞北平,只得换乘一架途经大同、归绥到达北平的飞机。在大同短暂候机停留期间,被国民党特务组织"策反团"扣留,秘密杀害于山西大同马莲庄。著有自选集《幸福》,作品集有《时代的浪花》《仓夷文集》。

曹国辉

曹国辉(1925—2012),河北平山人,中共党员。曾任晋察冀日报社印刷厂校对、晋察冀新华书店干部。1949年后,在华北新华书店总店工作,后曾任北京盲文印刷厂厂长、盲文出版社社长。离休后,积极参加晋察冀日报史研究,曾任晋察冀日报史研究会秘书长。

陈　驰

陈驰(1919—1984),湖北武汉人,中共党员。十几岁时因吃药导致耳聋，只上过几年小学，后通过自学，能熟练阅读、写作。曾任重庆读书出版社校对、编辑，重庆新华日报社校对。1947年调到晋察冀日报社，负责编写新闻、评论方面的稿件。1949年后，先后在华北教科书编审委员会、中华书局从事编辑、书刊审读和研究工作。1984年5月30日因病去世。

陈　辉

陈辉（1920—1945），原名吴盛辉，湖南常德人，中共党员。1938年到华北联合大学学习，毕业后到晋察冀边区通讯社当记者。1940年调房（房山）涞（涞水）涿（涿县）三县联合政府工作。1945年2月8日凌晨，和通讯员王厚祥住的韩村堡垒户王德成家的小院，被100多日伪军包围。在突围时，陈辉被堵在门外的特务环腰抱住，他拉响最后一颗手榴弹，与敌人同归于尽。

陈辉热衷诗歌创作，与田间、邵子南、魏巍一起成立了晋察冀边区诗会。曾在《晋察冀日报》《群众文化》《诗建设》《鼓》《子弟兵》等抗日根据地报刊上发表诗歌，留有《为祖国而歌》《姑娘》等80余首诗歌。1958年作家出版社出版了陈辉诗集《十月的歌》，田间在诗集《引言》中写道："陈辉是十月革命的孩子。他的手上拿的是枪、手榴弹和诗。他年轻的一生，完全投入了战斗，为人民、为祖国、为世界，写下了一首崇高的赞美词。"

陈 杰

陈杰（1925—2017），女，北京人，中共党员。1943年11月至1945年8月在晋察冀边区中学、华北联合大学学习。1946年1月至11月在晋察冀日报社做校对工作。1946年11月组织上抽调陈杰和郝熙一起到东北做接收工作。2017年10月28日因病在北京逝世。

陈明才

陈明才（？—1942），河北唐县人，中共党员。1940年到晋察冀日报社通讯部任摄影记者。后去冀东前线，于1942年在冀东遵化县反敌清剿战斗中不幸牺牲。

陈平舟

陈平舟（1918—2009），曾用名陈本坚，广东南海人，中共党员。1939年10月至1948年6月在抗敌报社、晋察冀日报社、新华书店任会计科科长。1948年7月至1949年3月在华北新华书店任科长。1949年3月至1949年11月在石家庄新华书店分店任经理。1949年后，一直从事印刷工作，于1989年获北京市印刷进步奖，1991年获中国印刷技术协会授予的国家毕昇奖。2009年3月21日因病逝世。

陈　英

陈英（1924—），女，原名马俊卿，河北定县人，中共党员。曾任晋察冀日报社编辑、中共阜平县城南庄区委宣传部长、中共行唐县委宣传部副部长。1949年后，曾任天津铁路局政治处科长，北京出版社副总编辑，北京市出版局副书记、副局长，《北京文物报》总编辑等。参与编写《晋察冀日报国内外大事述评集》。

陈　肇

陈肇（？—1990），河北安平人。出生在一个农民家庭，毕业于天津河北省第一师范。先后担任冀晋日报社总编辑，新华社晋察冀总分社副总编辑。1949年后，曾任政务院文委秘书处处长、故宫博物院副院长等。1990年逝世。

程海洲

程海洲（1917—1992），曾用名渊瀛，山东曹县人。1939年夏入中国人民抗日军事政治大学学习，同年冬分配到延安解放日报社工作。1945年至1947年，先后在晋察冀日报社、新华社晋察冀总分社、东北日报社、新华社东北总分社任记者。1992年11月因病逝世。

程　予

程予（1917—1993），原名吴程予，河北霸州人，中共党员。1942年转入新闻工作，任战斗报社编辑、记者。1946年初调到解放报社和新华社北平分社任记者。6月转入新华社晋察冀总分社任特派记者。12月到新华社晋察冀前线分社任记者。

戴　烨

戴烨（1917—1943），原名肖毓岱，河北怀来人，中共党员。1939年9月分配到晋察冀通讯社，后任晋察冀通讯社采访科科长兼晋察冀日报社特派记者。这一时期，深入前线阵地，采写了《被麻雀战啄食的皇军》《洪子店温塘是怎样收复的》《秋收歼灭战》《封锁沟的毁灭》《刘狗台堡垒的毁灭》等许多反映根据地人们反"扫荡"战斗的报道。在1941年日寇发起的大"扫荡"中，潜入敌占区，接连写下了《敌寇"治安强化"在三专区》《敌寇二期"治安强化"运动下的晋东北》《敌寇在X分区的"三光政策"与"并村政策"》《活路》《"无人区"里的人们》《人间地狱》《阳泉矿工的悲惨生活》等新闻和通讯，揭露日伪军的滔天罪行，鼓舞抗日军民坚定信心，打击敌人，巩固和保卫抗日边区。在以笔揭露敌人残暴的同时，还写下了《晋察冀边区不可摧毁》《活路——记阜平东庄民兵的故事》等多篇反映边区军民奋起反抗、保卫家园、战胜敌人的消息、通讯和侧记，歌颂了根据地军民的反抗和斗争。

1942年冬，中共平北地委决定开辟宣化南部深井一带新区，指定戴烨为开辟新区工作团负责人。1943年1月13日在组织护送平北军分区领导穿越铁路线时被敌人发现，英勇牺牲。

邓建桥

邓建桥（1920—1997），曾用名邓康，安徽桐城人，中共党员。1939年任西北战地服务团团员，晋察冀通讯社记者、常务理事。1940年7月调晋察冀边区文协工作。写有《咱们永远在一起》（1942年由张非配曲，在晋察冀边区广泛传唱），《向胜利的明天进军》《刘元贞》《寄给淮安的诗》，电影剧本《满洲省委书记》等。

杜　若

杜若（1913—2011），女，原名杜含英，山西柳林人，中共党员。1939年9月至1946年9月，任晋察冀三专区战斗报社编辑，晋察冀完县、曲阳县妇救会宣传部长，晋察冀阜平县抗联会宣传部长，新华社晋察冀总分社编辑，张家口日报社编辑，张家口新华广播电台编辑科科长。2011年4月22日因病在北京逝世。

方　衡

方衡（1912—2008），曾用名王政，河北乐亭人，中共党员。1941年后曾任华北联合大学教师、晋察冀日报社编辑、中原大学教师、华中师范学院历史系主任等。主编《中华民族抗日战争大事记》（上、下）。发表《论抗日战争胜利的伟大历史意义》《从中国人民反帝反封建斗争看洋务运动》等多篇文章。2008年6月因病逝世。

冯兰瑞

冯兰瑞（1920—2019），女，贵州贵阳人，中共党员。1945年秋随外语学校分队前往北平，后因形势变化改道张家口。10月底，经任晋察冀日报社秘书长的老朋友周明介绍和组织同意，与几位从延安一起来的同志去了晋察冀日报社，正式开始从事新闻工作。1946年1月30日刊载于《晋察冀日报》的《关于搜集材料和新闻工作》一文，就是其通联工作时期的经验总结。1946年4月底调到张家口新华广播电台广播编辑科工作，承担"解放区介绍""八路军介绍"两个栏目。

1946年秋天和李昌结婚后，前往李昌所在冀晋纵队的冀晋子弟兵报社工作。1951年10月在《中国青年报》任编委兼文教学生部主任。1953年任《哈尔滨日报》总编辑。先后主持编写了《政治经济学讲义》（社会主义部分）、《中国社会主义经济问题》两本教材。

戈 焰

戈焰（1923—2010），女，原名郭丽君，笔名戈炎、白桦，重庆涪陵人，中共党员。1939年参加西北战地服务团，是晋察冀边区文协委员。1942年毕业于华北联合大学文学系，分配到晋察冀通讯社。为了体现对革命的坚定，将自己的名字郭丽君改为戈焰，取"革命火焰"之意。抗日战争和解放战争时期，任晋察冀日报社、新华社察哈尔分社和冀热察导报社记者、编辑、编辑科副科长等。戈焰根据真实故事创作了《满城的一个游击小组》，这也是她的处女作。后在安徽日报社、安徽人民出版社、安徽省文联等工作。2010年因病去世。

戈焰创作的散文、报告文学、诗歌、小说评论达300余万字。有《革命的火花》《向英雄的淮北人民致敬》《炮火中的女记者》《绿竹集》《浪尖上的巾帼情》《西战团的开拓者——丁玲》等。

谷受民

谷受民，生卒年不详，中共党员。抗日战争时期曾参与晋察冀日报社的工作。1949年参与石景山钢铁厂的接管工作，负责组织和人事。周立波《铁水奔流》就是在石景山钢铁厂体验生活基础上创作的。谷受民与赵焕然合写了《工人读〈铁水奔流〉》。

韩劲草

韩劲草（1918—2010），曾用名韩凤儒，笔名疾风、韦如风，河北唐县人，中共党员。1942年夏至1948年夏先后担任晋察冀边区三地委宣传部干事、三地委秘书，晋察冀日报社编辑科科长、广播科科长。编有《安子文传略》《安子文组织工作文选》，著有《谈文艺和文艺工作》《劲草文存》《心声集》等。

何子健

何子健（1924—2002），原名郝熙，山西原平人，中共党员。1944年8月到晋察冀日报社工作，任练习编辑，后任报社校对科科长。1947年改名何子健，奉命调往东北。2002年7月13日因病在北京逝世。

洪　群

洪群（1921—2000），原名柯鸿弢，曾用名洪平舟，浙江象山人，中共党员。1938年2月，与同为石浦镇人的池鉴、浦戈一起奔赴延安，进入中国人民抗日军事政治大学学习。1939年后，先后任抗敌报社、晋察冀日报社编辑、记者、科长。1947年至1949年先后任冀晋日报社、石家庄日报通讯社记者、科长。2000年8月因病逝世。

侯德章

侯德章（1924—1986），河北曲阳人，中共党员。1947年7月至1950年2月，先后任冀晋日报社、晋察冀日报社、晋中日报社编辑及山西人民广播电台科长。1986年8月11日因病逝世。

胡青光

胡青光（1924—2016），山西五台人，中共党员。曾任冀晋日报社、晋察冀日报社、人民日报社、晋中日报社编辑、记者。1949年2月调山西日报社，历任编辑、记者、总编室主任、编委、副总编辑等。2016年11月29日因病在太原逝世。

胡　畏

胡畏（1911—1943），原名胡瑞溟，曾化名老傅、老胡，贵州遵义人，中共党员。1911年1月出生于贵州省遵义县新舟区一个书香之家。1939年初到达延安，到中国人民抗日军事政治大学的总校三大队五小队学习（属第五期）（三大队下分六个小队，一、二、三队是军事队，培养军事干部；四、五、六队是政治队，培养政治干部）。1939年冬在中国人民抗日军事政治大学总校第五期毕业后，分配到教委会（即中共中央北方分局），又由教委会分配到抗敌报社工作。1941年春晋察冀日报社建立党总支后，被选进了总支，负责党员的思想和组织建设。1943年，日本侵略军又一次对晋察冀边区进行了长达三个月的大规模"扫荡"。胡畏、黄庆涛、弓春芳、侯春妮在突围战斗中不幸中弹，壮烈牺牲。突围战斗结束后，脱险的报社同志和部队清理战场，掩埋了胡畏等4位烈士。后又将他们和此次反"围剿"战斗中牺牲于灵寿北营村的3位烈士的遗体一起迁葬到河北省阜平县的马兰村。1945年抗战胜利，社长邓拓为胡畏等7位烈士写下五言律诗一首："故乡如醉远，天末且栖迟。沥血输邦党，遗风永梦思。悬崖一片土，临水七人碑。从此马兰路，千秋烈士居。"

靳进华

靳进华（1921—2011），河北正定人，中共党员。1943至1946年任晋察冀日报社干部。2011年2月8日因病在石家庄逝世。

靳 夕

靳夕（1919—1997），曾用名靳涤萍，天津人，中共党员。抗日战争期间,担任晋察冀军区分区二分区文艺干事,七月剧社指导员、美术队长,还担任了晋察冀日报社的美术编辑、抗战剧社的美术创作员。1947年开始担任半月刊《战友》的副主编。其间,绘制宣传画、连环画、油画、水粉画、木刻、漫画等千余幅。1997年6月因病逝世。

发表有文章《谈木偶片的特性》《透恩卡的木偶艺术》《美术片的艺术虚构》《夸张与"舒服"——美术片创作问题随笔》《搞些美术片小品》《心音——美术片的独白》等多篇,与特伟、阿达等联合出版论文合集《美术电影创作研究》。

乐 雄

乐雄(1928—),女,曾用名李培华,河北乐亭人,中共党员。曾任张家口新华广播电台播音员,晋察冀日报社资料室管理员。1947年与陈道、李肖白等人一起参与《新石门日报》创刊,任石家庄日报社编辑。

雷 行

雷行(1920—2021),原名袁相柱,山东肥城人,中共党员。1940年任晋察冀通讯社、晋察冀日报社记者。1943年3月,日寇对狼牙山进行残酷"扫荡",日寇刚退走,雷行就和当地干部慰问安置受害乡亲。在菜园村，看到了日寇烧杀的罪行，听了被害群众对日寇罪行的控诉，悲愤不已，写了控诉日寇罪行的《血海深仇狼牙山》，被《晋察冀日报》、延安《解放日报》、重庆《新华日报》刊登。1945年8月，日本宣布投降后，雷行任张家口前线记者团团长，随军进入张家口，接管张家口新华广播电台。1947年任察哈尔日报社副社长。后先后任新华社鄂豫分社社长、新华社湖北分社社长、湖北日报社社长、长江日报社社长等。离休后在晋察冀日报史研究会任编委、顾问，积极参加晋察冀日报史的研究。著有《我的记者生涯》。2021年5月8日因病在武汉逝世。

雷　烨

雷烨（1914—1943），原名项金土，学名项俊文，曾用名雷雨、雷华、朱靖，浙江金华人，中共党员。1938年冬随八路军总政治部前线记者团到晋察冀边区，在抗敌报社和晋察冀画报社任前线记者、摄影记者。1938年8月4日和9月1日，在武汉出版的《新华日报》上先后发表了两篇长篇稿件《创造抗战突击队员的斗争》和《抗大同学毕业上前线》。受邓拓委托，撰写长篇文章《谈延安文艺工作的发展和现状》，在1939年1月1日至28日的《抗敌报》上分10期连载刊出。在田间策划下，同罗立斌、金肇野等人组建"平西文协"，出版《文艺新兵》；为团结冀东文化界人士，发起创建"抗敌文化社""路社"等文化团体，编辑出版了《路》《文艺轻骑队》《国防最前线》等刊物。1941年1月25日，日军顾问佐佐木二郎指挥几千名日伪军包围潘家峪，制造了骇人听闻的"潘家峪惨案"。雷烨到达潘家峪慰问幸免于难的群众后，深入惨案现场，用自己的相机记录下了敌人的暴行。1942年撰写的《冀东潘家峪的大惨案》署名朱靖在《晋察冀日报》上发表，相关照片于1943年在《晋察冀画报》上刊发。

1943年4月20日，从石堂村（现南段峪村的一个自然村）撤退时遭遇敌人，在砸毁相机、钢笔后，用最后一颗子弹结束了自己的生命。

李慕琳

李慕琳（1919—2002），女，舞蹈艺术教育家。山东德州人，中共党员。1940年至1942年任西北文工团党支部书记，开始接触音乐、舞蹈表演。1943年调解放日报社工作。1945年9月调延安新华广播电台任播音员。1946年冬又调回解放日报社任编辑。1947年调到晋察冀日报社国语广播科任编辑。2002年12月21日在华东医院逝世。

李千峰

李千峰（1920—2005），原名李千凤，别名千凤，山东平阴人，中共党员。1939年被选送到延安中央党校学习，学习期间担任新华通讯社通讯员。1941年调到《解放日报》编辑部。1946年后到晋察冀边区，曾任晋察冀日报社和人民日报社采访科科长等。1949年后担任人民日报社和北平解放报社采通部主任。著有《李千峰旅行通讯选》《新闻通讯集》《华北平原旅行记》《淮河纪行》等作品。2005年2月20日因病在北京逝世。

李 瑞

李瑞（1921—2011），河北望都人，中共党员。1938年2月起，曾任晋察冀望都县青年抗日救国会主任、中共晋察冀中央局联络部干事等。其间曾任晋察冀日报社记者。2011年7月21日在北京逝世。

李肖白

李肖白（1918—1991），笔名肖白、笑白，湖南沅江人，中共党员。1937年赴延安参加革命，在中国人民抗日军事政治大学和鲁迅艺术文学院学习，后任晋察冀日报社记者、副刊编辑组长。1943年邓拓曾作诗《送肖白赴延安》："去去沧波年少身，掉头莫漫惜前尘。战场挥手故人别，相望心情次第新！"1947年参与筹办《石家庄日报》。1949年后，曾任中华全国总工会宣传部副部长、中联部七局局长。离休后致力于研究晋察冀日报史，任晋察冀日报史研究会编委、《红旗漫天舞》主编、晋察冀文艺研究会会员等。创作诗歌《在农民家里晚餐》《为边区儿童而歌》《和平之歌》《五台山啊，历史的见证》等。

林 采

林采（1920—1987），原名沈子忠，浙江桐乡人，中共党员。抗日战争时期曾任晋察冀日报社记者。1945年8月随部队挺进热河，创办《中苏新报》。1946年10月调任冀热辽自卫战争动员委员会宣传部部长，后随部队挺进大别山区做地方工作。1948年任皖西日报社社长等。1987年3月因病在北京逝世。

林 冬

林冬（1924—2009），原名张兆虎，笔名木冷、严冬、大寒，河北新乐人，中共党员。1944年5月入鲁迅艺术文学院戏剧与音乐系学习，后转文学系。1946年2月在晋察冀日报社任记者。1946年8月至1949年6月先后在张家口日报社、冀热察导报社、察哈尔日报社任记者、编辑。1947年至1948年，作为《冀热察导报》的记者，随军参加了辽沈战役、平津战役。1949年至1952年底任察哈尔省人民广播电台编委、副主编兼编辑部主任。1953年春调入中央人民广播电台，曾在中央人民广播电台农业编辑部、新闻部、文教科学部、工农兵部等部门工作。2009年7月18日因病在北京逝世。

林 间

　　林间，生卒年不详，1942年毕业于鲁迅艺术文学院文学系，后在延安《解放日报》通讯采访部通讯科和穆青、杨永直一起工作，写有《朱德将军生活散记》。1945年至1948年，曾任晋察冀日报社记者。1949年后，在天津日报社工作。

林 钧

　　林钧（1923—），河北定县人，中共党员。1947年12月至1948年8月在晋察冀日报社当记者，在人民日报社、北平解放报社任资料员和副组长。1948年随军南下云南，后在云南日报社工作。

林 漫

　　林漫（1914—1991），原名李春芳、李涓丙，笔名李满天、林漫，甘肃临洮人，中共党员。1940年春从华北联大文艺学院毕业后分配到晋察冀边区政府教育处任秘书，兼任社会教育科、编审科科长。后调到晋察冀日报社任记者和编辑，写过多篇通讯报道，同时也创作短篇小说。在晋察冀边区创作和发表的短篇小说有《家庭》《安元和小保》《待不下》《中秋月》《前途》《狗》《白毛女人》等。《家庭》

写于 1940 年，发表在《晋察冀画报》上，是其抗战时期的代表作。1944 年至 1946 年曾任新华社冀晋分社记者、晋冀日报社记者科长等。1947 年随军南下，曾任《鄂豫》副总编辑、新华社湖北分社总编辑。著有长篇小说三部曲《水向东流》《水流千转》《水归大海》，作品以清新的笔调，生动地反映了社会主义农村的新人物、新变革、新面貌，深受人民群众喜爱。20 世纪 60 年代，出版小说集《力原》，作品体现了深刻的现实主义品质。1991 年在石家庄逝世。

刘　柯

刘柯，生卒年不详，辽宁昌图人，中共党员。1936 年毕业于燕京大学。1938 年至 1939 年为晋察冀日报社译电员。曾任晋察冀军区外事处翻译。

刘　山

刘山（1923—1988），曾用名刘学昆，河北平山人，中共党员。曾任冀晋日报社、晋察冀日报社、人民日报社、晋中日报社编辑、记者。1988 年 7 月 9 日因病逝世。

刘毅生

刘毅生（1917—2020），曾用名甯培璁、甯培聪，广西陆川人，中共党员。1945年8月至1946年7月在晋察冀日报社任农村版编辑。2020年3月21日因病在南宁逝世。

刘　钊

刘钊（1926—1971），河北深州人，中共党员。1946年起先后在解放日报社、晋察冀日报社做校对工作。1948年调入人民日报社，先后任校对科科长、印刷厂党支部书记、人事处处长等。1971年9月27日因病在北京逝世。

娄　霜

娄霜，生卒年不详，原名楼竹鸣，浙江诸暨人，中共党员。善国画，尤善画梅。1945年夏天，从冀晋子弟报社调到冀晋日报社任美术编辑。抗日战争期间，娄霜创作连环木刻《戎冠秀》20多幅，由田间配诗，发表在《火线文艺》上，产生了巨大影响。此外，还著有连环画《杨小林》《吕顺保的故事》《虎龙英烈传》《锻炼》《党和人民的好女儿丁佑君》《售棉储棉爱国家》等作品。

鲁　藜

鲁藜（1914—1999），原名许图地，福建同安人，中共党员。"七月诗派"代表诗人之一。1938年7月到中国人民抗日军事政治大学学习。同年秋创作组诗《延河散歌》，用散文化的笔调表达对革命的向往和对献身者的赞颂，清新且有哲理意蕴。1939年在重庆的《七月》上发表后引起反响。曾任晋察冀军区民运干事、战地记者。1942年在鲁迅艺术文学院任教。著有《醒来的时候》《天青集》《鲁藜诗选》等。

陆　灏

陆灏（1920—2003），原名许彬章，笔名洛灏、许干，江苏无锡人，中共党员。1938年冬到晋察冀边区从事文艺工作，撰写《少年儿童在成长——抗敌剧社的孩子们》《记突围》《在唐县基于队伍里》《四十八个加两个——平山某村自卫队员全体报名》等文章发表在《晋察冀日报》。1943年起开始从事新闻工作，任晋察冀日报社特派记者、编辑。1943年在晋察冀北岳区的反"扫荡"战争中深入前线，写下《刘振汉回来了》《偷袭秦家台》《南甸，是敌人的坟地》《我亲眼看见了敌人的败象》等通讯报道。著有《建设鞍山的人们》《长江桥头》《陆灏新闻作品选》等。2003年9月3日在上海逝世。

陆振声

陆振声（1928—2010），河北滦县人，中共党员。1945年入华北联合大学。1945年9月底在新闻要报社工作。1946年1月在晋察冀日报社工作，任校对股长。1949年春在新华书店华北总分店工作，任秘书、文书科长。2010年3月8日因病逝世。

罗　夫

罗夫（1920—1948），原名萧璞，字朴石，笔名一石，江苏宿迁人，中共党员。1938年到中国人民抗日军事政治大学学习，年底随抗大二分校赴晋察冀抗日根据地。1939年6月任晋察冀通讯社科长。1940年，晋察冀日报社与通讯社合并，任特派记者，撰写《1940年五专区经济建设》，对敌后根据地经济建设起到积极作用。抗日战争胜利后，华北联合大学迁张家口，增设新闻系，任新闻系副主任。1948年春，任中共涞源县委副书记。8月去天镇县开会，归途路经蔚县火石岭，突遭国民党残部袭击，中弹牺牲。

罗宗藩

罗宗藩（1920—2006），云南大理人，中共党员。1939年12月在中国人民抗日军事政治大学毕业后，到抗战报社工作，任社长，负责采访、写作、编辑工作。1943年到晋察冀日报社，负责原稿甄审，后任《晋察冀日报》（边区版）副主编。2006年3月28日因病去世。

马　加

马加（1910—2004），满族，原名白永丰，曾用名白晓光，笔名马加，辽宁新民人，中共党员。1938年到延安，同年秋季从陕北公学毕业，分配到陕甘宁边区从事创作工作。1941年调到文艺界抗敌协会。曾任《解放日报》副刊编辑，《晋察冀日报》副刊主编。1942年返回延安从事专业创作，参加延安文艺座谈会。在延安期间，在《谷雨》《解放日报》发表短篇小说、散文、特写等，并连载长篇小说《滹沱河流域》。主要作品有《开不败的花朵》《江山村十日》《红色的果实》《北国风云录》《血映关山》《在祖国的东方》《滹沱河流域》《登基前后》等，另有《马加散文选》《马加文集》。2004年10月21日在沈阳逝世。

梅　欧

梅欧，生卒年不详，女，原名赵玉英。曾任晋察冀日报社记者。

梅 青

梅青（1920—1999），女，天津人，中共党员。解放战争期间，先后在新华社晋察冀总分社、晋察冀日报社等单位工作。1999年5月8日因病在北京逝世。

米 庚

米庚（？—1979），曾用名史文生。曾任晋察冀通讯社记者，黑龙江大学副校长。

秋 浦

秋浦（1919—2005），原名贡厚生，又名后生，江苏丹阳人，中共党员。1942年到晋察冀日报社工作，担任编辑、记者。采访过由美方代表参加的国共停战谈判，以文笔优美、见地独到而著称。1947年，秋浦奉命筹办《内蒙古日报》，任党委书记兼社长。主要著作有《当代人看原始文化》《萨满教研究》《鄂伦春社会的发展》《鄂伦春的原始社会形态》《鄂伦春人》等。其中《鄂伦春社会的发展》一书已出英文版和西班牙文版。主要论文有《我们需要马克思主义民族学》等。

森 茂

森茂,生卒年不详,日本人。1946年6月调晋察冀日报社下属的利民广告公司绘图部。1949年和小野泽亘负责话剧《战斗里成长》的舞美设计,该剧获第一届全国话剧观摩演出一等奖。

申 玮

申玮(1919—1994),女,笔名申蔚,河南尉氏人,中共党员。1945年抗日战争胜利后调晋察冀日报社任编辑、记者。1946年5月赴东北解放区。申玮热爱文学创作,著有中篇小说《青春的脚步》、小说集《雨后彩虹》、散文集《友谊散记》等。1994年9月22日因病在沈阳逝世。

沈 达

沈达,生卒年不详,浙江东阳人,中共党员。曾任晋察冀日报社校对、编辑,新华社华北总分社编辑、记者,内蒙古日报社编委兼总编室主任、副总编辑,农村工作队报社主编等。发表的文章主要有《各民族进一步互相帮助取长补短共同发展社会主义建设》《实现民族区域自治是我们党解决民族问题的基本政策》《坚持党性原则,做好新闻工作》等。

沈 蔚

沈蔚（1916—1942），江苏吴县人，中共党员。1938年12月，作为八路军总政治部前线记者团和晋察冀日报社前线记者，深入敌后采访，开始战地记者生涯。1939年初夏，到达冀中抗日根据地，参加《冀中导报》复刊工作，并担任冀中通讯社副社长，同时担任《冀中导报》编委委员、记者科科长。期间，计划、组织出版了新闻业务刊物《通讯与学习》，并亲自撰写文章。1942年夏初，日本侵略军对冀中抗日根据地进行"五一大扫荡"，沈蔚所在部队驻地安国县西张庄被日寇包围，在突围战斗中英勇牺牲。

沈 重

沈重（1915—1986），原名沈大经，原籍浙江吴兴，中共党员。先天患有眼疾，一目失明。1939年至1944年任晋察冀通讯社科长、特派员，晋察冀日报社特派记者，在此期间报道了大量晋察冀人民的抗日事迹。1941年冀西山区的秋季反"扫荡"战斗中，深入前线采写了一系列战场手记，其中包括名篇《棋盘陀上的五个神兵》。该通讯最初刊登在1941年11月5日的《晋察冀日报》上。同年11月7日，晋察冀军区司令员聂荣臻等首长签署的训令中，正式称为"狼牙山五壮士"。"狼牙山五壮士"的故事借此传遍大江南北，后入编小学语文课本作为爱国主义教育课文。除《棋盘陀上的五个神兵》之外，还撰写了《"治安强化"舞台的台上台下》《神枪手李殿冰》《"囚笼政策"的毁灭及其他》《机智和勇敢是无敌的》《野北惨案》等具有影响力的通讯。《冷落了的大亚公司》曾获鲁迅文艺奖金委员会颁发的"政治攻势文艺奖"。曾先后任新华社晋冀日报副社长、张家口日报社社长，冀热察导报社、察哈尔日报社副社长等。1986年因病去世。

孙　犁

孙犁（1913—2002），原名孙树勋，河北安平人，中共党员。从1940年开始在《晋察冀日报》上刊载文章，有论文、通讯、书信、小说等。其中比较重要的有《接受遗产问题》《爹娘留下琴和箫》《丈夫》《论战时的英雄文学》等。1943年夏天调到晋察冀日报社工作，主编副刊《鼓》。1944年春季赴延安，发表了《荷花淀》《芦花荡》等作品，受到广泛好评。1949年主编《天津日报》的《文艺周刊》。2002年7月11日因病在天津逝世。

陶　军

陶军（1917—1987），原名陈晶然，安徽贵池人，中共党员。

1941年奔赴晋察冀抗日根据地。短期学习后，5月分配到晋察冀日报社，任电讯英文翻译和国际版编辑。同年秋季，晋察冀抗日根据地军民反抗日寇7万兵力所谓"铁壁合围"的大搏斗，也是晋察冀日报社游击出报与日寇周旋的一次大锻炼。在邓拓领导下，报社编成两个精干梯队：坚持出报的工作队与武装自卫队。陶军和仓夷、吴浩编在同一编辑组，陈春森任组长，共同承担游击出报中的通讯、编稿审稿、编排版面、校对清样等任务，还兼任莫斯科英文电讯稿的翻译。1945年9月被调往张家口新华广播电台，任电台对外部编辑科长兼译稿和播音。1987年4月9日因病在武汉逝世。著有《辩证唯物论简明教程》《学习唯物主义，批判唯心主义》《马克思主义的辩证法》，与他人合著《当代国际政治和国际关系》，主编《中原大学校史》，合作翻译了《印度社会》，注释了《邓拓诗词墨迹选》，并发表多篇哲学、教育学、国际政治乃至文学等方面的文章。

田活农

　　田活农（1917—1983），原名田勋廷，泰国归侨，祖籍广东大埔，中共党员。先后任中国人民抗日军事政治大学学员、晋察日报编辑、《抗敌报》第三版国际版编辑等。1941年2月，通讯部合并为编通部，负责整理政治方面的稿件。在"红五月突击工作总结"中被评为劳动先锋员。1942年6月成立晋察冀边区自然科学界协会，与陈凤桐、刘再生一起被推选为理事长。著有《农业生产合作社的生产计划》《幸福的苏联集体农庄》《怎样扩大复种面积》等。1983年逝世。

田 间

田间（1916—1985），原名童天鉴，安徽无为人，中共党员。1938年秋冬，作为西北战地服务团的战地记者，随团从延安过黄河到达晋察冀蛟潭庄。作为战地记者，田间报道了百团大战的战况，撰写了通讯《最后的手榴弹》，延安《解放日报》转载。1939年1月，与战地社邵子南及铁流社钱丹辉等人，在晋察冀开展街头诗宣传。他们用白粉笔、黑木炭在乡村的街头、山路的巨石及被轰炸过的残垣断壁上，不停地创作了大量街头诗。这些诗作中，许多都曾刊登在《晋察冀日报》上，激发了边区人民的抗战斗志。1939年下半年，田间到晋察冀通讯社工作，后调到晋察冀日报社。1941年到河北唐县张各庄任晋察冀边区文协副主任，被选为边区参议员。著有长诗《赶车传》《戎冠秀》《马头琴歌集》《英雄战歌》等，以及诗论集《海燕颂》《新国风赞》，散文集《板门店纪事》《欧游札记》等。他的一些诗歌被日本、苏联、法国、罗马尼亚、保加利亚等10多个国家翻译出版。1985年8月20日因病在北京逝世。

田 流

田流（1918—2000），原名张丙蔚，河北完县人，中共党员。1945年8月在晋察冀日报社任记者。1948年6月在《人民日报》任记者。田流在晋察冀边区做地方工作时，曾写了许多动员群众抗日斗争的宣传品、街头诗，还办过文艺刊物。其中通讯《临清棉价波动透视》受到肯定，新华总社以《临清事件》为题发表社论，号召全国解放区汲取临清经验。田流出版的作品集有《县委书记》《草原上》《怎样写通讯报道》《田流散文特写集》《春潮》《生活在召唤》《我这样做记者》等。2000年3月17日在北京逝世。

田　雨

田雨（1917—1946），回族，原名申典午，曾用名申晋侯，甘肃武威人，中共党员。从1940年到1944年8月，根据基层工作情况撰写了《万人追念白求恩》《群干训练班》《播下新种》《滹沱河上人民的怒吼》《雁门关前的景色》等大量消息、通讯、特写，并在《晋察冀日报》上发表。1945年分配到新华社晋察冀总分社当记者，同时兼晋察冀日报社特派记者。1946年12月5日与记者韩庆祥一起从晋察冀野战军前线政治部出发，准备到野战军四纵队采访，途中不幸误踏地雷左腿负重伤，并感染破伤风，17日8时在唐县和平医院逝世。

汪解民

汪解民，生卒年不详，江苏苏州人，中共党员。1941年秋从华北联合大学文学院毕业，分配到晋察冀日报社工作。

王大刚

王大刚（1911—1974），原名王敬之，笔名一石，山东崂山人，中共党员。1938年到山东、山西等解放根据地前线，任新华社随军记者，曾与何云等同志一起筹办《新华日报》（华北版）。1940年到晋察冀通讯社任记者，并任抗敌报社通讯部指导科科长。1942年与成仿吾、田间、孙犁等十七人当选边区文协理事。1945年又回到新华社晋察冀总分社工作。这段时间，他写过大量的新闻报道、各种评论、战斗英雄和劳动模范的传记。1946年调华北联合大学工作，后转入中国人民大学任教。1974年因病去世。

王惠德

王惠德（1922—1993），四川渠县人，中共党员。抗日战争胜利后，任晋察冀日报社资料科副科长、科长，晋察冀野战军第四纵队随军记者等。与于光远合著《中国革命读本》《政治经济学讲座》，与胡绳、于光远合著《社会科学基本知识讲座》（4册）。1993年12月25日在北京逝世。

王剑清

王剑清（1922—1998），女，四川盐亭人，中共党员。1942年至

1945年任晋察冀日报社编辑、记者。1946至1949年任冀东日报社、唐山劳动日报社编辑组长、采访通讯部副主任，中共天津市委宣传部教育处副处长。革命战争期间，创作、发表长诗、报告文学、通讯《给张家口》《易县新年中敌寇的形形色色》《灵丘民兵武装斗争、大生产运动》《国民党反动派在冀东的暴行》《女英雄贾连柯》等。

1984年任河北省社会科学院语言文学研究所所长，重点研究晋察冀文艺，主编出版了《晋察冀文艺史》《晋察冀文学作品选》。《晋察冀文艺史》获中国解放区文学研究会研究专著一等奖、河北省社科研究优秀成果二等奖。创作有散文和报告文学《北岳纪行》《滦水情深燕山高》《碧水染长城，催开自由花》，诗歌《大海礼赞——怀念刘少奇同志》《青春长在——悼亡友仓夷同志》《湘江吟》《纱厂诗抄》《啊，冀中平原》《傲霜的红梅开不败》《平山——晋察冀的摇篮》《石油之歌》《滚龙沟——深山明月》《颂五十春秋》等。还著有长篇小说《寻寻觅觅》《梦断魂销》和诗集《大自然奏鸣曲》。

王　路

王路，生卒年不详，河北秦皇岛人，中共党员。1945年8月调往晋察冀日报社资料室、采通科工作。1947年在石家庄日报社、阳泉职工报社工作。1949年调绥蒙日报社、内蒙古日报社工作。

王 炜

王炜（1916—1994），原名湾群章，甘肃武威人，中共党员。1939年5月转赴敌后晋察冀边区，任晋察冀通讯社记者，1940年合并到晋察冀日报社。1943年调平北军分区任挺进报社总编辑。1941年创作诗《不再忧郁的小溪》，发表在边区作协新创办的油印刊物《诗刊》上。1949年后，魏巍将该诗收入《晋察冀诗抄》，改名为《小溪之歌》。创作有剧本《李武回头记》，短篇小说《赵发的故事》，长篇叙事诗《海姑》，诗集《小溪之歌》《生命之歌》《王炜旧体诗词》《王炜诗文集》等。1994年9月24日因病逝世。

王应慈

王应慈（1913—1977），原名王昭贤，陕西华县人，中共党员。1941年赴华北晋察冀边区社会部工作，以《晋察冀日报》记者的身份搜集情报，参与侦破"清乡党"一案，并一手建立了石门情报站，以搜集敌人的战略情报为主。20世纪50年代，以石家庄和归绥两市公安战线反特斗争为素材创作了优秀反特故事片《虎穴追踪》剧本。1977年12月5日在北京逝世。

魏 伯

魏伯（1914—1984），原名王经川，河南荥阳人，中共党员。1942年来到延安，创作了小说《民间的谢子长》《争吵》，散文《塞行小记》和诗歌《在黄河》等作品。抗日战争和解放战争时期，先后担任《西线社》杂志编辑、晋察冀日报社特派记者等。1984年7月因病在北京逝世。

沃 渣

沃渣（1905—1973），原名程振兴，浙江衢县人，中共党员。1939年任华北联合大学文艺学院美术系主任、晋察冀边区美协主任，负责开展晋察冀地区的美术工作。这一阶段，沃渣的作品大都反映根据地人民的生产生活和斗争场景，其中以《夺回我们的牛羊》为代表。作品《八路军铁骑兵》荣获晋察冀边区首届文联鲁迅文艺金奖。1944年沃渣从敌后回到延安，任鲁迅艺术文学院美术研究室创作组组长。1973年因病逝世。

吴 楚

吴楚（1913—1989），原名吴厚刚，曾用名吴浩，广东普宁人。

曾任新华日报社编译科科员、晋察冀日报社国内外新闻科副科长、关东通讯社编辑科科长、关东日报社编辑部副部长、大连日报社编辑部部长等。

吴 群

吴群（1923—1996），原名伍于琛，笔名羊君、杨军、史彦，广东顺德人，中共党员。曾任晋察冀二分区部队生活报社和冀晋军区冀晋子弟兵报社编辑，晋察冀军区政治部晋察冀画报社编辑、摄影记者，华北军区政治部华北画报社副主任，以及解放军画报社副总编辑等。1986年出版《中国摄影发展历程》。1996年2月9日因病在北京逝世。

吴元玉

吴元玉（1918—2003），女，又名吴劲，山东临沂人，中共党员。1937年同吴元英、白濬明一起赴延安学习，后赴晋察冀边区工作，与杨国权结婚后转报社工作。1940年任文工团妇女干事。1941年至1945年在晋察冀日报社印刷厂任支部书记。2003年因病在北京逝世。

伍 铭

伍铭（1913—1961），广东台山人，中共党员。在抗日战争和解放战争期间，曾任晋察冀日报社、冀中导报社、山西日报社编辑、记者。曾主持编辑出版了大量科学文化读物和通俗政治理论读物，普及科学文化知识，宣传党的理论政策。如"农村文库"《辩证唯物主义常识读本》《党的基础知识读本》。1961年4月14日因病逝世。

夏 风

夏风（1919—1988），原名黄泳江，又名黄朱汉，笔名朱汉、夏风，广东横沥人，中共党员。1939年分配到抗敌报社任记者。1940年与战友奔赴前线，一起报道了"百团大战"，再现了八路军不畏牺牲的英雄气概。拍摄了《日寇暴行之一——三百余间窑洞全被敌寇摧毁》《日寇暴行之二——被逼疯的女人》系列组照，记录下日军犯下的惨绝人寰的滔天罪行。1946年调任晋察冀画报社摄影记者。解放战争爆发后，调任新华社晋察冀野战军总分社秘书兼《晋察冀日报》新闻记者。

夏 蕾

夏蕾（1915—1997），女，原名夏淑贞，上海人，原籍浙江青田，中共党员。解放战争时期，在晋察冀日报社任编辑。1949年后，在中央出版总署、《人民文学》编辑部、中国少年儿童出版社任编辑。1959年10月在中国社科院文学研究所从事编辑和研究工作。1935年秋开始在报刊上发表作品，主要有诗作《八月的风暴》《诗二首》《十一月七日》、散文《生产括曲》等。曾参加《十年来的新中国文学》一书的编写工作，执笔其中的《儿童文学》一章。

萧　军

萧军（1907—1988），满族，原名刘鸿霖，曾用名刘吟飞、刘羽捷、刘蔚天、刘毓竹等，笔名萧军、三郎等，辽宁凌海人。抗战胜利后，萧军由延安到张家口，转赴东北。在张家口期间，参与《晋察冀日报》的编辑工作。著有《八月的乡村》《第三代》《五月的矿山》等。1988年6月22日因病在北京逝世。

萧　逸

萧逸（1915—1949），原名徐德纯，江苏南通人，中共党员。1938年初到达延安，先后在中国人民抗日军事政治大学和鲁迅艺术文学院学习。1946年调晋察冀日报社任记者。1947年4月新华社晋察冀前线分社成立，作为记者，随军转战华北各地，参加过保南、正太、清风店、涞水、石家庄、平津等战役的报道，采写了大量有影响的新闻和通讯。1949年4月华北人民解放军发起太原战役,随我军敌工干事到前沿阵地采访。战斗中在刚刚占领的敌军碉堡内,用话筒向敌军喊话,宣讲形势和政策。敌人突放冷枪,萧逸头部中枪,光荣牺牲。

萧　殷

萧殷(1915—1983),原名郑文生,又名萧英,广东龙川人,中共党员。1939年2月采访井圪塔村被日军"扫荡"的惨案,完成报告文学《井圪塔的血》,7月任新华日报社编委。1945年抗战胜利后调往张家口,任新华社晋察冀总分社编辑组长。1946年2月在北平任新华社北平分社采访主任,同时负责《解放》(三日刊)采访报道工作。3月写通讯《〈解放〉三日刊创刊前后》,发表在《晋察冀日报》上。6月中,因蒋介石下令关闭新华社北平分社和《解放》(三日刊),遂回到张家口接替丁玲编辑《晋察冀日报》副刊。8月8日,与仓夷同志奉命赴北平参加军调部二十五特别执行小组的工作,由于国民党特务的刁难,被迫与仓夷分乘两架飞机前往北平。当萧殷在北平机场苦苦等待战友的时候,25岁的仓夷却被敌人引到山西大同杀害。8月底回到张家口继续编辑《晋察冀日报》副刊。11月抵达冀中平原,任《冀中导报》副刊主编。1947年2月调华北联合大学文学系教书。1948年8月调任石家庄日报社副总编辑。1949年后,曾任《文艺报》主编、《人民文学》执行编辑、中国作家协会青年作家工作委员会副主任、中国作家协会文学讲习所副所长、暨南大学中文系主任等。著有短篇小说集《月夜》、文学评论集《论生活、艺术和真实》，以及《萧殷文学评论集》《萧殷自选集》等。

辛　毅

辛毅（1915—1966），陕西旬邑人，中共党员。1938年在中国人民抗日军事政治大学二分校、西北战地服务团工作。1940年至1945年，曾任晋察冀边区三分区宣传干事、晋察冀日报社记者等。在晋察冀边区工作期间，曾写过长篇报道《荣军旗帜张树义》《子弟兵母亲戎冠秀》。独幕话剧剧本《两个通讯员》获晋察冀边区文联鲁迅文艺奖金奖。1946年参加了"安平事件"的实地调查，写了《安平事件真相》的报道，刊登在《晋察冀日报》上，揭露了国民党假和平真内战的真实面目。1966年逝世。

邢　军

邢军（1920—2012），河北深县人，中共党员。1947年任晋察冀日报社记者。1948年任人民日报社记者。2012年1月20日因病在北京逝世。

徐 兑

徐兑（1918—1997），女，又名徐佩荣，安徽当涂人，中共党员。1938年1月考入山西民族革命大学，同年5月参加了西北战地服务团。1941年1月至1942年12月在华北联合大学文艺学院学习后，先后在晋察冀军区抗敌剧社、晋察冀日报社、人民日报社工作。1949年后，曾担任《人民日报》（农业版）主编。1997年10月29日因病逝世。

阎 素

阎素（1916—2009），河北安新人，中共党员。1939年5月调晋察冀日报社任美术组组长。其间，创作的木刻有《母亲送儿打东洋》（3幅）、《曲阳惨案》（2幅）、《不当伪军》（连环画），以及《慰问前方丈夫》《热烈参加村选运动》《打倒亲日派》《生产战线女英雄》等30余幅刊登于《抗敌报》。1942年后创作的木刻《一个领袖》《坚壁》《粮食》《工拨工、不放松》《羊倌李常活》（4幅连环画）和《满门忠烈》（由田间配诗）等发表于《晋察冀日报》。1944年夏到延安，在鲁迅艺术文学院读研究生。2009年2月26日在石家庄逝世。

杨秉瑞

杨秉瑞（1924—2014），又名杨瑞，河北顺平人，中共党员。1940年至1947年3月在晋察冀日报社任文书、校对、秘书等。1947年3月至1948年4月在华北联合大学文艺学院音乐系学习。1948年4月至1949年初在石家庄市工人剧社任副指导员。1949年后曾任石家庄市文化馆馆长、石家庄日报社副总编、石家庄广播电台台长等。2014年11月6日因病逝世。

杨昆岚

杨昆岚，生卒年不详，女，回族，河北沧州人，中共党员。1942年初至1944年夏任晋察冀日报社编辑，曾负责《敌伪电讯》的编辑工作，油印一种专供边区首长参考的《新闻别集》。

杨　沫

杨沫（1914—1995），女，原名杨成业，笔名杨君默、杨默，北京人，原籍湖南湘阴，中共党员。1942年后先后在挺进报社、黎明报社以及晋察冀日报社、人民日报社做编辑工作。曾任晋察冀妇联主办的《时代妇女》的主编。主要著作有长篇小说《青春之歌》《东方欲晓》《芳菲之歌》《英华之歌》，中篇小说《苇塘纪事》，作品集《红红的山丹花》《杨沫散文选》等。1995 年 12 月 11 日因病在北京逝世。2019 年 9 月 23 日，《青春之歌》入选"新中国 70 年 70 部长篇小说典藏"。

杨佩云

杨佩云，生卒年不详，女，曾在新华日报社工作，后辗转到延安新华社、晋察冀日报社工作。

姚熔炉

姚熔炉（1917—1991），原名姚沃贤，广东广州人，中共党员。1945 年 3 月奉命前往东北解放区，因局势变化留在晋察冀日报社国际编辑科工作。1947 年 4 月，报社再次组织记者团到前线，姚熔炉参加了记者团，与杜导正和秦江一起分在二纵队政治部当随军记者兼纵队党委机关报《前进报》主编。1949 年 8 月被调到二十兵团政治部、宣传部当兵团前委机关报《学习》副主编兼编辑科副科长。1991 年 5 月 16 日在广州逝世。

应唯鲁

应唯鲁（1919—1940），女，原名沈鞠如，浙江宁波人，中共党员。1938年，从延安来到晋察冀边区，任抗敌报社记者。1940年10月赴平西涞水工作，12月在调查扩军工作时被暴徒杀害。为纪念应唯鲁同志，解放后当地政府将应唯鲁烈士遗骨迁到涿鹿县大河南乡邓家峪烈士坟，将应唯鲁牺牲的地方改名为烈士沟。

于浩成

于浩成（1925—2015），满族，北京人，中共党员。1948年毕业于华北联合大学俄语系。1946年后曾任晋察冀日报社编辑，晋察冀军区司令部秘书处英语译员，公安部群众出版社编辑、主任、副总编辑、社长兼总编辑等。2015年11月14日在北京逝世。

余药夫

余药夫（？—2004）原名于庆善，字尧夫，曾化名余乐夫，笔名田工，河北易县人，中共党员。1941年反"扫荡"中，在狼牙山附近的村子做秋收秋种的宣传工作，在双鞍岭遇到"狼牙山五壮士"中幸存的葛振林与宋学义，便将二人转移到大庙。1948年至1960年

4月,曾任晋察冀日报社、人民日报社、光明日报社记者、编辑。1981年,余药夫在报纸上得知葛振林的消息,二人开始通信。1986年在"狼牙山五壮士纪念塔"第三次重修竣工典礼大会上,与葛振林再次相逢。葛振林写下:"咱们在四十五年前九月二十五日晚,在狼牙山顶峰上你援救我们,今日又见面,留念。"余药夫也在葛振林的笔记本上题诗留念:"战友相逢狼牙山,勇士去兮去复还。古稀故地重相会,锦山秀水乐陶然。"

余宗彦

余宗彦,生卒年不详,曾用名苏明、曦明等,浙江诸暨人,中共党员。曾任《解放》周刊、延安《解放日报》、北平《解放》(三日刊)、《晋察冀日报》编辑。1949年后,曾任人民铁道报社社长兼总编辑,新华通讯社铁道分社社长,中国国际广播电台、中央人民广播电台副台长等。

羽 山

羽山(1921—2012),曾用名廖星光,笔名周翌,四川成都人,中共党员。1942年调入晋察冀军区抗敌剧社创作组。1946年2月调晋察冀日报社任记者,7月调入新张家口报社任采访科科长。1949年随军进入天津,参加接管工作,后随剧社进驻北平,7月转业调北平电影厂任编辑。在晋察冀边区时，创作《夜车》（与石岩、玛金合作），独幕话剧《拾块钱》，多场话剧《土八路》，通讯《模范民兵李黑黑》《子弟兵母亲戎冠秀》等。在张家口时期，写过《冀北人民急待救济》《冼星海追悼大会纪实》《张家口，人民的城市》《劳动英雄胡顺义》。1954 年与邢野合作编剧《平原游击队》，改编《一场风波》等电影剧本。1959 年与徐昌霖合作，写作长篇小说《东风化雨》第一、二部共 55 万字。1981 年至 1989 年，创作长篇系列小说《十年洋场》《大陆孤岛》《雾都浮沉》《浦江春寒》等共 200 万字。1995 年用左手（右手偏瘫）完成 17 万字长篇小说《投奔延安》。2012 年 11 月 26 日因病在上海逝世。

曾文经

曾文经（1916—1979），壮族，广西靖西人，中共党员。1939 年在华北联合大学学习。1946 年至 1947 年，在晋察冀日报社任编辑、记者。1948 年在人民日报社任记者。著有《中国的社会主义工业化》《谈谈矛盾论问题》等。主要文章有《宗教和唯心主义》《论社会主义民主》《论社会主义基本经济规律的作用》《论汉民族的形成》《五四运动前胡适的政治面目》《世界人民反对殖民制度的斗争》等。其中《中国的社会主义工业化》被译成俄文出版。1979 年 3 月在北京逝世。

张布克

张布克（1922—2018），原名张健，笔名布克，山西平定人。撰写的通讯《王元寿访瞎牛》先后在《翻身导报》《晋察冀日报》《晋冀日报》上刊登，从而在晋察冀边区根据地掀起一个学习王元寿的热潮。1947年12月调晋察冀日报社任记者，1948年6月任人民日报社记者，并参加华北记者团集训。曾口述《张布克七十年征程回忆》。2018年1月7日因病在北京逝世。

张大雨

张大雨（？—1945），曾用名张瀛，北京人。1940年到新华社晋察冀总分社和晋察冀日报社任校对员。1945年初调冀东工作，通过敌人封锁线时遭杀害。

张 磊

张磊（1917—2000），浙江奉化人，中共党员。1939年7月至1940年4月在华北联合大学社会科学部学习。1940年4月至1947年4月在晋察冀日报社、新华社晋察冀总分社任编辑、记者、副科长等。1949年后曾任新华社新疆分社副社长、代社长，新华社西北总分社副采编主任，新华社青海分社社长等。参与了解放石家庄、天津、北平、太原、兰州等的战役。写有《华北敌占区反奴化教育斗争》《攻克房山城》《德胜门外》等文章。著有《新闻摄影与政治》《通讯社的图片编辑工作》等。2000年1月14日因病在北京逝世。

张文昭

张文昭（1924—2015），山西五台人，中共党员。1947年9月调冀晋报社，后任新华社冀晋分社记者。1947年任晋察冀日报社记者。1948年6月任人民日报社记者。其间发表通讯有《盂平一区手抄报》《田贵芳见了太阳》等。2015年7月4日因病在太原逝世。

张正光

张正光（1914—1997），原名张凤池，曾用名张醴泉、张甲寅，江苏徐州人，中共党员。1939年8月到晋察冀边区从事新闻工作，先在晋察冀边区政府机关报《救国报》工作。1940年秋调到晋察冀日报社，主要负责副刊《老百姓》的编辑工作。1944年2月底，由晋察冀日报社审校科调到"抗联会"群众报社。1945年抗战结束，调到晋察冀边区总工会工人报社任主编。1947年到石家庄日报社工作。1948年5月调石家庄市师范学校，做教导处主任兼教国文。1997年11月3日因病在北京逝世。

张正路

张正路（1924—2007），河北阜平人，中共党员。1940年分配到晋察冀日报社，先后从事文书、编辑、校对等工作。解放战争期间，在晋察冀日报社任校对科科长、印刷厂厂长等。2007年12月因病在西安逝世。

赵　保

赵保，生卒年不详，原名赵宝。曾任晋察冀日报社编辑部通讯员，后曾任河北省博野县民政局局长。

赵斯金

赵斯金（1919—1985），山西左权人，中共党员。1945年后调晋察冀日报社任记者、编辑。1949年3月调北平新华广播电台工作。1949年后，在中央人民广播电台从事编采工作，先后担任编辑、记者、组长，新闻部和民族部副主任等。

赵亚萍

赵亚萍，生卒年不详，女，1938年至1939年10月任冀中区妇女抗日救国会主任，其间同杨沫结下深厚友情。在晋察冀日报社起初负责边区资料工作，1942年5月调新闻编辑部，负责敌伪通讯。

甄雨衡

甄雨衡（1917—1995），河北唐县人，中共党员。擅长写作。1944至1948年先后任冀晋日报编辑、科长。1948至1950年先后任人民日报社记者，晋中日报社、山西日报社副总编辑。1995年1月20日因病在北京逝世。

郑　重

郑重（1915—1981），原名郑礼顺，曾用名郑毅民，河北安国人。1946年春调晋察冀日报社任校对员。1947年6月调《晋察冀日报》职工合作社任合作社主任。1949年8月调人民日报社采访部任记者，期间发表了《曲艺界的新生命——记大众游艺社揭幕日的公演》《北京市消费合作社初步研究》《北京的"粮老虎"——王振庭》《一个最繁荣的百货店——记华北百货公司北京分公司》等文章。1958年离开《人民日报》到山西支援《太原日报》复办。1958年至1962年底,先后在太原日报社、太原市文联工作。1981年8月逝世。

周 奋

周奋(1919—2009),广东佛冈人,中共党员。曾任延安文艺协会秘书室干事、晋察冀日报社记者、晋察冀军区政治部文艺报社编辑干事等。2009年12月12日因病在北京逝世。

朱 改

朱改(1910—1989),曾用名曾易,四川彭县人,中共党员。1940年任晋察冀日报社编辑。1945年任晋察冀宣化市总工会宣传部部长。1947年任东北铁路公安局指导科科长。1948年任东北铁路公安局政治部主任。1989年12月28日在长春逝世。

朱助周

朱助周(1907—1975),原名朱渭滨,浙江临海人,中共党员。1941年初任陕甘宁边区医院秘书主任,协助医院领导管理日常业务工作和党的宣传工作。1946年调晋察冀日报社任编辑。1975年1月15日逝世。

祖田工

祖田工（1920—1961），原名虎杰，河南灵宝人，中共党员。1938年8月至1939年5月在中国人民抗日军事政治大学学习。毕业后到三五九旅政治部宣传科任干事，后任战声报社主编。1941年1月到陕北绥德抗战报社任编辑主任。1942年8月至1945年10月任解放日报社评论部编辑。1946年1月至6月任北平执行部代表团秘书，参加筹办北平《解放报》。1946年7月至10月在晋察冀日报社临时帮助工作。1946年11月至1947年10月任冀中导报社总编辑。

电务部门工作人员

邸禄申

邸禄申，生卒年不详，曾任晋察冀日报社电台台长、人民日报社电务部收报科副科长。

顾英杰

顾英杰（1933—），河北行唐人。1947年1月到晋察冀日报社电务部任通讯员。1948年6月到人民日报社工作。1949年到山西日报社任译电员。

韩增福

韩增福（1924—），1945年至1948年在晋察冀日报社任电务部报务员、台长。后至人民日报社任电务人员训练班主任，培养了大量电务人员。

黄庆涛

黄庆涛（1909—1943），江苏铜山人。1939年9月调晋察冀军区无线电训练班担任教员,后调晋察冀日报社电务科任报务员。1940年4月电务科扩编成电务队,任收报台台长,被邓拓称为"电台的一位上将",培养了不少电讯干部。1943年反"扫荡"中,报社转移到阜平县小水峪沟村,12月9日被日伪军包围,在突围作战中被日军杀害,同时牺牲的还有胡畏、弓春芳、侯春妮等同志。

贾群一

贾群一(1926—2001),女,曾用名贾春义,河北唐县人。1947年8月到晋察冀日报社电务部任译电员。1948年6月到人民日报社电务部任译电员。2001年5月23日因病逝世。

栗发让

栗发让(1927—),河北灵寿人,中共党员。1944年在晋察冀日报社任报务员。1950年到新华社捷克斯洛伐克布拉格分社任秘书。1951年在中宣部干部管理处任干事。1955年任广播设备制造厂录音车间主任、党委副书记。

梁贵荣

梁贵荣（1929—），曾用名梁会人，河北平山人，中共党员。1947年至1948年在晋察冀日报社任译电员、编辑。后曾任河北战士报社记者，原北京军区战友报社编辑、主编、社长等。

刘长明

刘长明（1925—2021），原名刘长命，河北正定人，中共党员。1939年至1942年在晋察冀日报社工作，曾任图书管理员。

刘芳洲

刘芳洲（1928—），河北灵寿人，中共党员。1945年2月从华北联合大学毕业后到晋察冀日报社电务部工作，参加了《人民日报》创刊。

刘仁贤

刘仁贤（1924—2007），河北顺平人，中共党员。曾任晋察冀日报社机要室主任、华北野战军二十兵团六十六军报社编辑。

刘淑芳

刘淑芳（1929—2016），女，1945年跟随丈夫左录在晋察冀日报社工作。解放后随丈夫调山西日报社群工部工作。1964年调新华社总社党委办公室工作。1977年调人民日报社群工部工作。2016年7月因病在北京逝世。

卢振华

卢振华（1925—），曾任晋察冀日报社报务员、随军记者。1944年至1948年任十九兵团电台台长。1949年后，曾任电力工业部水电设计院党委组织部长、水电总局机关党委副书记等职。

吕清泉

吕清泉，生卒年不详，1942年至1948年在晋察冀日报社做报务员。曾任西安市气象局副局长。

彭立星

彭立星（1931—），曾用名彭英杰，河北曲阳人，中共党员。1947年7月担任冀晋日报社译电员。1948年6月进入人民日报社电务部工作。1949年4月，《山西日报》创刊后任报务员。

宋儒贤

宋儒贤（1925—2020），曾在晋察冀日报社电务部、印刷厂工作。后至人民日报社印刷厂工作。参加创建《山西日报》工作，此后一直在山西日报社工作。2020年5月11日因病逝世。

苏 琴

苏琴（1929—），女，河北阜平人，中共党员，1945年至1948年曾在晋察冀日报社任电务部报务员、译电员。1948年夏任人民日报社电务部报务员兼译电员。北平解放后调解放军第十九兵团任电台报务员。

王茂才

王茂才，生卒年不详，河北平山人，中共党员。曾在晋察冀日报社负责电报收发工作。1947年11月6日，同程振鹏、栗曼晴、沈其朋、吴震、李虹、石基、赵圣朋等人一起前往石家庄筹办《新石门日报》。

温笑青

温笑青（1921—1948），河北藁城人。解放战争初期，从延安调至张家口在晋察冀日报社工作，任报社电务部发报台台长。《晋察冀日报》和晋冀鲁豫《人民日报》合并后，任人民日报社联络科科长。1948年病逝。

辛　明

辛明（1923—2001），曾用名辛清淮，河北阜平人，中共党员。1939年9月至1942年在晋察冀边区政府工作任电报员。1942年至1945年在晋察冀边区二专区工作任电报员。1945年至1947年12月在晋察冀日报社任电报员、译电员。1947年12月在石家庄日报社任电报员、译电员。2001年9月13日因病逝世。

伊 之

伊之（1923—2018），女，曾用名尹让敏，江苏镇江人，中共党员。1940年6月至1942年3月在平西挺进报社电台担任报务员。1942年3月至1943年4月在平北挺进报社电台任报社支部委员。1943年4月至1944年3月在晋察冀日报社电务队任报务员。1944年3月至1945年12月任晋察冀日报社电务科股长。1945年12月至1947年2月任晋察冀日报社电务科副科长、党支部书记。1948年1月至1948年12月在人民日报社（平山）电务部任副科长。

伊之为寻找报社烈士家属、编辑《北岳风云》晋察冀日报图像集，查找核对了1400多名报社老同志的信息，费尽心力。主编《晋察冀边区革命歌曲选》，为《吹响民族的号筒》撰写回忆文章。晚年在晋察冀日报史研究会，不辞劳苦，为报史研究做出极大贡献。2018年10月16日因病逝世。

于 忠

于忠（1923—），山东沂水人，中共党员。1943年在新华社晋察冀分社工作，历任报务员、台长、机务主任等。

张华英

张华英（1926—），女，河北曲阳人，中共党员。1945年3月到晋察冀军区电训队培训，后分到晋察冀日报社电务科做译电员。

张连达

张连达（1926—2015），河北阜平人，中共党员。1941年11月从华北联合大学毕业后分配到晋察冀日报社电务部，在老报务员培训下学习译电报和收发报。1942年主要负责北平中华社和日本同盟社的电讯，1943年主要负责抄重庆国民党中央社和延安新华社的电讯。1944年开始负责抄苏联塔斯社的电讯。《晋察冀日报》和晋冀鲁豫《人民日报》合并为华北中央局机关报《人民日报》后，张连达一直随着野战军在前方，受新华社华北总分社和人民日报社领导。1950年7月被调往新华社西北总分社，先后任电务科的副科长、科长。积极参与晋察冀日报史研究会工作，任晋察冀日报史研究会编委。2015年10月4日因病在北京逝世。

赵景福

赵景福（1930—2019），河北蠡县人，中共党员。1944年10月

至 1945 年 1 月在河北省博野县游击队参加革命工作。1945 年 1 月至 1948 年 10 月在晋察冀日报社电务部工作，先任摇电员后任收发报员。1948 年 11 月至 1949 年 11 月在华北军区政治部任警卫员。2019 年 12 月，因病逝世。

赵景星

赵景星（1925—），河北平山人，中共党员。1940 年 5 月与张受恩等 7 人调到晋察冀日报社工作，并同赵西岳、左录等同志一起到电务队学习收发报和译电。电务队工作繁忙，每天发报与延安总社联系，定点抄收新华社、塔斯社、美联社等电台的电稿。在工作之余，与同事一起研读《共产党宣言》《大众哲学》，学习马克思主义理论。1948 年 6 月任新华台台长。积极参与晋察冀日报史研究会工作，始终挂念报社的同志。

郑磊俊

郑磊俊（1916—1943），原名黄乃堤，浙江青田人。1941 年秋调晋察冀日报社任电务队英文译电员。在反"扫荡"中参加武装班保卫报社。1943 年 9 月 24 日夜，报社人员由谷家沟向灵寿县北营前进。队伍从东边进村，遭遇了从西边进村的敌人，侦察员和敌人发生交火。在这场战斗中，电台工人曹斗斗、发行员安志牺牲。所幸此次遭遇的只是敌人的运输队，报社没有遭受更大的损失。事后，郑磊俊、曹斗斗、安志学 3 位同志，同在此次"扫荡"中牺牲在阜平县水峪沟的胡畏、黄庆涛、弓春芳、侯春妮 4 位同志一起被安葬在阜平县马兰村。

周义民

周义民（1925—1994），中共党员。1938 年到抗敌报社，先后做过通信、后勤、发行等工作。1941 年在鬼子"扫荡"中被地雷炸伤双腿，留在马兰村养伤，受到村民的保护和照顾，伤好后返回报社继续工作。1948 年调入空军部队做地勤保卫工作。1994 年因病逝世。

左　录

左录（1926—2016），河北完县人，中共党员。1940 年到抗敌报社工作，曾任电台报务员、校对、校对科科长。1948 年 6 月到人民日报社工作。1949 年后，曾在人民日报社编辑部、山西日报社时事部工作。1982 年参加晋察冀日报史研究会，任编委会编委，在主编陈春森带领下完成《晋察冀日报史》的编写任务，为研究党报史作出积极贡献。著有《侵华日军大屠杀实录》《晋察冀民兵》。2016 年 12 月 6 日因病在北京逝世。

出版印刷部门工作人员

白俊卿

白俊卿，生卒年不详，曾为晋察冀日报社印刷工人。20 世纪 40 年代病逝。

薄俊生

薄俊生（？—1941），山西人。1938 年初到晋察冀日报社工作，任印厂排字工人。1941 年病逝。

蔡善卿

蔡善卿（？—1958），江苏常州人，中共党员。1945 年 10 月，从延安调到张家口晋察冀日报社工作，任印报厂副厂长。1946 年冬天，由于设备都是大型马达带动，受当时情况所限，暂时只能使用柴油机带动。当时柴油极度紧缺，为了保证机器的正常运转，蔡善卿找到花台村河流地段，主持建造了一个以水为动力，既能带动机器又能发电的水轮机。1948 年 5 月至 6 月间，完成了人民日报社在里庄村建厂任务之后，又带领乔永贵、刘炳威等同志赴石家庄北焦村，建立报社的第二印刷厂。1948 年底进入天津，参加创建《天津日报》。之后又从天津到北平，准备接管北平《华北日报》的工作。1952 年调入工人日报社工作，任报社印刷厂厂长。1958年1月29日因病逝世。

曹子莲

曹子莲（1924—1992），女，曾用名曹永芳，河北阜平人，中共党员。1946年到晋察冀日报社出版印刷部门工作。1992年6月15日因病逝世。

陈化敏

陈化敏（1918—1989），曾用名陈超群，河北深泽人，中共党员。1939年初调到抗敌报社做排字工作。1945年至1948年任晋察冀日报社印刷厂党支部书记。在抗日战争最艰难的岁月，和排字工人们一起研制简化铅字，改革铅条和铅空，减轻铅字的重量，并把排字架改造成能开能合、能挑能背的箱式字架，为坚持在游击战争环境中排字、印刷出报做出了突出贡献。《晋察冀日报》与晋冀鲁豫《人民日报》合并后，陈化敏继续负责印刷厂的工作。20世纪50年代末到20世纪60年代初，率领印刷厂职工对标题字字体和花边进行改进，使报纸版面标题字多样化，提高了报纸的制作和印刷质量，受到了《人民日报》广大读者的好评，对全国报纸版面改革起到了很大的推动作用。1989年9月30日因病在北京逝世。

杜志先

杜志先,生卒年不详,女,山西定襄人。报社印刷厂工人,遭遇敌机轰炸牺牲。

侯春妮

侯春妮(?—1943),女,河北灵寿人。在晋察冀日报社印刷厂做排字工人。1943年12月,在阜平县小水峪沟突围时牺牲。

侯培元

侯培元,生卒年不详,在晋察冀日报社印刷厂工作,参与《毛泽东选集》的印刷工作。1949年后曾在解放军画报社印刷厂工作。

霍进礼

霍进礼(?—1941),河北人。1941年7月从华北联合大学调入晋察冀日报社印刷厂工作。9月下旬敌人合围滚龙沟,战斗中霍进礼受重伤,送到医院后终因伤势过重不幸牺牲。

贾呈祥

贾呈祥(1923—),河北任丘人,中共党员。1938年后曾任晋察冀日报社印刷厂课长、晋察冀新华印刷局股长、晋察冀新华书店石家庄分店副经理、冀中新华书店印刷厂工务长、华北新华书店第三印刷厂副厂长。1949年后,曾任河北人民印刷厂厂长,河北省出版局出版处处长、印刷技术处处长,河北省印刷科技情报站站长。

康存怀

康存怀,生卒年不详,曾在晋察冀日报社印刷厂工作。抗日战争胜利后随晋察冀日报社向北进发,途中接到命令调晋察群众报社工作。后担任察哈尔日报社印刷厂厂长、北京外文印刷厂厂长。

康吉升

康吉升(?—1940),河北人。1938年到抗敌报社印刷厂工作,做排字工人。1940年病逝。

李德泰

李德泰，生卒年不详，晋察冀日报社印刷厂工人。1947年病逝。

李芳昭

李芳昭，女，抗日战争时期，在晋察冀日报社印刷厂工作，参与《毛泽东选集》的印刷工作。1949年后，曾在解放军画报社印刷厂工作。

李焕新

李焕新（1928—），原名纪龙，河北行唐人，中共党员。经在阜平县妇联工作的李殿英介绍，到晋察冀日报社工作，分配到印刷厂，先后学过木工、钳工。抗日战争胜利后又在厂部做勤务工，做周明的勤务员。1945年10月报社迁往张家口以后，分配到印刷二厂，后又给印刷厂副厂长蔡善卿做警卫员。1946年10月报社从张家口撤回阜平县后，为保证印刷机器正常运转，蔡善卿主持建造了一个以水为动力、既能带动机器又能发电的水轮机，李焕新负责管理水轮机。1948年6月15日至1957年6月，一直在人民日报社印刷厂工作，曾任厂党支部委员、车间党小组组长、行政组组长、工段长等职。

李振兴

李振兴（1924—2020），河北安平人，中共党员。1941年到晋察冀军区教导团学习，后抽调到晋察冀军区政治部抗战报社学习摄影，并参与筹建《晋察冀画报》。1944年晋察冀日报社成立印书厂，调入印书厂任印刷股股长，参与印刷了《毛泽东选集》（第一卷）。1948年成立华北新华印刷局，任印刷厂厂长助理。1949年4月太原解放，李振兴等进城接管，8月组建了山西印刷公司，任副经理。2020年9月因病逝世。

刘炳威

刘炳威（1927—2023），曾用名刘丙位，河北曲阳人，中共党员。1945年分配到晋察冀日报社工作，先后任通讯员、印刷工、副股长。1949年1月29日，北平和平解放，与刘威奉命随解放军进驻北平，接管伪《华北日报》王府井印刷厂，为《人民日报》在北平出版发行做好了准备。1949年5月调到铁道部工作。

刘锡宝

刘锡宝（1910—1956），河北枣强人。1945年8月23日张家口解放,晋察冀日报社进驻张家口市,在晋察冀日报社印刷厂工作,做排字工,因工作熟练,被称为"快刀刘"。后因病回家,未再工作。1956年去世。

刘 志

刘志(1916—1991),曾用名刘学信,河北任丘人,中共党员。1932年7月至1937年7月间一直在任丘周刊印刷厂当排字工。1937年10月到冀中总动员会抗敌报社从事排字工作,后转大众报社。1939年教导团由冀中开到冀西,和工人教导队的大部分同志分配到当时驻平山县蛟潭庄附近土楼村的边区抗敌报社。初到报社时担任铸刻科科长。1940年春报社机构调整,任出版部代部长(出版部实际职能是印刷厂),主抓全面印刷生产。1949年1月北平解放后,调任张家口印刷厂厂长,后又调任北平新华印刷厂工务科副科长、人事科科长。1982年接受晋察冀日报史研究会安排,开始撰写抗日战争和解放战争时期的革命斗争史。1991年6月27日在北京病逝。

牛步峰

牛步峰,生卒年不详,山西代县人。在"游击办报"过程中,铅印机目标大,转移不便,牛步峰尝试改造铅印机。经过多次尝试,与同志们成功将石印机改造成铅印机,重400斤(原铅印机重2000

斤）；后又研制出只有 80 斤的木质铅印机，大大方便了印刷工作。仓夷以《苦心钻研的牛步峰——报社印刷厂劳动英雄》为题，对牛步峰的事迹做了专题报道。

钱　奔

钱奔（？—1943），河北河间人，中共党员。曾任晋察冀日报社印刷厂印刷科科长。1943 年病逝。

秦永川

秦永川，生卒年不详，1946 年至 1948 年在晋察冀日报社出版发行部工作，与徐复森、高富、贝鸣福、安金庆等同志一起制造铸字铜模，后在新华印刷厂干部后勤处工作。积极参与《晋察冀日报》的史料收集整理工作，与高永桢、张致祥、伊之等同志一起确认雷烨即是雷雨（项俊文）。

沈镇衍

沈镇衍（1916—1941），上海浦东人，中共党员。1937 年春，到延安中央印刷所工作，与同志们一起将常用字与不常用字分开，大大提升了印刷效率。在延安工人制造品展览会中获个人甲等奖第二名。1941年赴晋察冀边区，在晋察冀日报社任印刷厂工务助理员。1941年反"扫荡"开始后不久，日伪军第一次合击报社驻地平山县滚龙沟。沈镇衍被敌军包围在段峪南山，当敌人前来搜山发现他、要抓捕他时，他拉响手榴弹壮烈牺牲。

田 禾

田禾（1925—1986），女，曾用名田秀菊，河北阜平人，中共党员。1937年进入晋察冀日报社印刷厂工作。1986年8月20日因病在北京病逝。

王凤文

王凤文（1927—2007），1946年7月至1948年4月在晋察冀日报社排字股工作。2007年1月逝世。

王士英

王士英（1929—2021），女，河北灵寿人。1945年在晋察冀日报社印刷厂从事装订工作。1951年1月北京外文印刷厂建立，经老同志介绍进厂参加工作，在装订车间当工人。2021年1月20日因病逝世。

王书铭

王书铭，生卒年不详，河北河间人，中共党员。1937年七七事变后，在八路军冀中第八分区《火星报》当工人，印刷报纸。1938年4月抗敌报社向冀中区党委请求支援铅印设备和技术工人，王书铭等4人奉调前往。王书铭先做铸字工人，后任铸刻科科长。1940年，与刘志华、张效舜等人将不太适用的12页印刷机平台改成打版机。1941年4月又试制了木质浇版机，便于携带，方便在游击转移时使用。1945年调冀中导报社，1948年调山西日报社，1949年调天津日报社。1949年后曾任天津日报社经理、天津市文化局副局长、天津人民出版社副社长、天津美术出版社党委书记等。

许锡林

许锡林（1928—2017），曾在北平《解放》（三日刊）、晋察冀日报社印刷厂、晋察冀新华书店总店工作。1949年后曾任石家庄市钢铁厂行政科长、石家庄市计委工业处处长等。2017年5月14日在石家庄病逝。

许仲英

许仲英（1928—），河北曲阳人，中共党员。1940年7月在晋察冀军区抗敌报社做勤务员、排字工人。1942年至1945年，许仲英在中国人民抗日军事政治大学二分校、七分校学习。1963年调人民日报社当编辑、记者、机动记者组组长。

阎功德

阎功德（1924—2008），1938年至1948年在晋察冀日报社做印刷工人。1949年后，曾任北京电视机厂厂长。

杨耀洲

杨耀洲，生卒年不详，女，1945年至1948年在晋察冀日报社印刷厂工作。后曾在天津新华印刷厂、北京新华印刷厂、北京理工大学计算机系工作。

岳凤林

岳凤林，生卒年不详，女，1942年至1948年曾在晋察冀日报社印刷厂工作。1949年后，曾在外文印刷厂工作。

臧耀东

臧耀东（1925—），河北顺平人，中共党员。1942年2月至1947年11月曾任晋察冀边区工矿局造纸厂工会主席、党支部书记，晋察冀日报社生产科科员等。

张效舜

张效舜（？—1941），山西繁峙人。1938年《晋察冀日报》初创时为报社印刷厂工人，后为印刷厂印刷科、机修科科长。1941年8月在平山段峪南山遭敌人杀害。

张一川

张一川，生卒年不详，曾用名张玉田，河北定州人，中共党员。

1931年6月至1937年9月在河北省定县醒民日报社当学徒、排字工人，后到抗敌报社工作。1939年至1941年调晋察冀军区政治部石印所任股长。1942年至1945年在晋察冀画报社工作。

张云山

张云山（？—1946），河北平山人。曾在晋察冀日报社做刻字工人。1946年因病去世。

赵宝春

赵宝春（1929—2013），女，河北阜平人，中共党员。曾在晋察冀日报社印刷厂当工人，后到晋察冀新华书店工作。1944年天津解放后到天津新华书店工作。2013年7月因病在西安逝世。

赵继忠

赵继忠（1927—2009），河北行唐人，中共党员。1945年6月调入晋察冀日报社工作并成为技术骨干。1946年12月，由于晋察冀军区印刷厂遭敌破坏，被组织抽调到该厂参加恢复生产工作。2009年

11月20日因病逝世。

郑志坚

郑志坚，生卒年不详，曾在晋察冀日报社印刷厂工作。20世纪40年代因病逝世。

朱文秀

朱文秀（？—1941），山西人。1938年到晋察冀日报社印刷厂工作。1941年秋病逝。

发行与交通部门工作人员

安克成

安克成（1916—2001），原名安维俊，陕西咸阳人，中共党员。曾任《新华日报》西安分馆经理、晋察冀日报社交通发行科科长、大连电话局局长等。1948年转入电力部门工作。著有《电带给人们的好处》《中国电力工业概述》等，其中《中国电力工业概述》获全国电力工业优秀科普读物特别奖。

陈文忠

陈文忠（？—1943），河北人，中共党员。曾任新华社晋察冀分社和晋察冀日报社发行科交通站站长。1943年秋季反"扫荡"中，敌寇围袭唐县白花山，在突围中光荣牺牲。

杜庆云

杜庆云，生卒年不详，中共党员。曾任晋察冀日报社交通发行科科长。1949提后，曾任北京邮政管理局副局长、局长、党委书记。积极参加《晋察冀日报》的史料整理工作，1982年晋察冀日报史研究会成立后任编委。

耿玉云

耿玉云（1921—），河北阜平人，中共党员。1941年至1948年先在新华书店做会计，后到晋察冀日报社印刷厂总务科任材料保管员，负责印刷厂材料的保管发放工作。后曾任人民日报社供应处处长。

弓春芳

弓春芳（？—1943），河北安平人，中共党员。曾任新华社晋察冀分社和晋察冀日报社发行科会计。1943年在阜平县小水峪沟突围战斗中不幸牺牲。

焦迎秋

焦迎秋（？—1943），河北平山人，共产党员。1941年参加工作，任新华社晋察冀分社和晋察冀日报社发行科交通员。1943年秋季反"扫荡"中，报社交通站驻地遭敌突然奔袭，焦迎秋坚守岗位，与敌搏斗，光荣牺牲。

李连福

李连福（1921—1941），山西人，中共党员。1941年初参加报社工作，任新华社晋察冀分社和晋察冀日报发行科交通员。1941年8月1日冒雨从滚龙沟出发，前往西柏坡送报，为抢时间身背报纸奋勇渡河，不料突发山洪，光荣殉职。

李庆荣

李庆荣（？—1941），河北唐县人，中共党员。任晋察冀日报社发行科会计。1941年1月病逝。

李　智

李智（1912—1943），河北阜平人，中共党员。1939年到晋察冀日报社当交通班长。1939年9月，敌人进行秋季"扫荡"，李智翻山越岭、涉水渡河，总是能避开敌人把报纸送到领导机关，人们称他有"爬山虎"的本领。1941年，日军对抗日根据地进行大"扫荡"，环境十分残酷，李智和另外两位交通员担负战时送报任务。报纸一印出来，随即背上报纸，拿上手榴弹，冒着敌人的枪林弹雨，冲出敌人包围圈，把报纸送往各地。当时李智负责投送领导机关，为了使首长们能够及时看到报纸,经常饿着肚子东奔西跑,寻找转移中的机关。1941年被评选为报社"劳动先锋队员"。1942年由于敌人封锁导致边区物资紧张,晋察冀边区实行"精兵简政",响应号召,离职回乡,在村里继续做抗日工作。1943年冬,为了从敌人手里夺回群众被抢去的羊群,只身摸入敌营,不幸被日本鬼子抓住,英勇就义。

梁 化

梁化(1920—1990),河北定县人,中共党员。曾任定县游击队文书,晋察冀日报社发行科巡视员,中共中央北方局城市工作部交通科组长、分队长,中共中央晋察冀分局和华北局城工部交通科科长等职。在晋察冀日报社发行科工作期间,1942年与陈德夫等5人负责东线交通小组,后负责北线交通分队任分队长。1990年4月因病逝世。

刘二铭

刘二铭(?—1943),河北唐县人。1940年参加工作,任新华社晋察冀分社和晋察冀日报社发行科交通员。1943年秋季反"扫荡"中,在家乡娘子神村养病时,被袭击该村的日寇杀害。

刘守德

刘守德,生卒年不详,曾任新华社晋察冀分社和晋察冀日报社发行科交通员。20世纪40年代病逝。

刘新江

刘新江(1920—2010),曾用名刘新海。1942年9月调到晋察冀日报社当交通员。1943年12月给社长邓拓做勤务员。1945年9月报社迁到张家口后,任报社发行股股长,带领交通及发行人员及时将报纸送到晋察冀各级首长及机关手中。1947年11月石家庄解放,上级要求晋察冀日报社和相关报社派人共同组建石家庄日报社,刘新江出任石家庄日报社总务股股长。1949年任绥远日报社(即后来的内蒙古日报社)总务科科长。2010年4月1日因病去世。

罗凤仪

罗凤仪(?—1941),河北阜平人,中共党员。1937年参加抗日义勇军。1940年调晋察冀日报社任发行科交通员。1941年秋季反"扫荡"中,正在阜平老家养病,不幸被敌抓捕杀害。

罗 军

罗军（1915—1941），原名振桐，字逸君，河北冀州人，中共党员。晋察冀新华书店成立后，与晋察冀日报社发行科为一套人马，兼任晋察冀新华书店经理。晋察冀新华书店设在灵寿县陈庄，罗军与同事紧张工作，迅速完成书店筹建，并选择在1941年5月5日开业，以纪念马克思的诞辰。为充分发挥书店的作用，与同事们一起制订了《批发条例》《邮购条例》《结账条例》等规章制度，确保书店规范运行。1941年8月，在转移过程中被炸身亡，光荣牺牲。

王吉贵

王吉贵（？—1941），山西人，中共党员。新华社晋察冀分社和晋察冀日报社发行科发行员。1941年8月，在敌机轰炸陈庄时，跟随罗军招呼同志们隐蔽时，不幸被炸身亡。

王 毅

王毅（？—1943），河北人。晋察冀日报社发行科发行员。1943年秋季反"扫荡"时，完成任务返回途中遭遇敌人，负伤回到报社驻地马兰村。此时报社已经转移，后因伤重牺牲于老乡家门口。

谢金堂

谢金堂，生卒年不详，河北阜平人。曾任新华社晋察冀分社和晋察冀日报社发行科交通员。20世纪40年代病逝。

张吉堂

张吉堂（？—1941），河北寿县人，中共党员。1940年任新华社晋察冀分社和晋察冀日报社发行科交通员。1941年秋反"扫荡"中，在电务队帮助发电报摇马达，在平山滚龙沟壮烈牺牲。

赵殿臣

赵殿臣（1922—），河北安平人，中共党员。1945年到晋察冀日报社做发行工作。1948年8月到人民日报社工作，曾任保管股股长。1949年至1973年任人民日报社供应处副科长、科长。1974年至1980年任人民日报社战备办公室副主任。

赵国桢

赵国桢,生卒年不详,曾任新华社晋察冀分社和晋察冀日报社发行科交通员。20世纪40年代病逝。

赵正俭

赵正俭,生卒年不详,曾任新华社晋察冀分社和晋察冀日报社发行科交通员。20世纪40年代病逝。

郑朝凤

郑朝凤(?—1941),中共党员。曾任新华社晋察冀分社和晋察冀日报发行科交通员。1941年8月病逝。

郑 杰

郑杰(?—1942),河北唐县人,中共党员。曾任新华社晋察冀分社和晋察冀日报社发行科交通员。1942年病逝。

朱贤忠

朱贤忠，生卒年不详，贵州毕节人，中共党员。1945年任晋察冀日报社发行科科长。1946年任牡丹江报社发行部部长等。

行政管理部门工作人员

安志学

安志学（？—1943），河北定县人，中共党员。1941年到晋察冀日报社工作，任发行科交通员，是武装梯队的骨干。1943年9月24日，在反"扫荡"战斗中，报社机关在灵寿县北营村遭遇日军，在战斗中不幸牺牲。后与胡畏、黄庆涛、弓春芳、侯春妮、郑磊俊、曹斗斗等在反"扫荡"中牺牲的同志一起被安葬在阜平县马兰村。

白景林

白景林（？—1960），原名常藤正一，日本人。曾在晋察冀日报社做医生。1948年5月，同夫人白锦一起调到晋察冀边区邮政管理局医务所工作。1949年初，随入城工作队进驻北平，在北平邮政局主持医务室工作。20世纪50年代，大批日本人回国，不少乡亲也劝白景林回国，但白景林最后还是决定留在中国。1959年秋冬，白景林患了严重的胃病和失眠症，天津市邮电管理局冯树章接他到天津休养，住在郊区的收讯台。白大夫看到当地农民缺医少药，便为附近的村民看病，成了农村的"编外"医生。1960年3月13日因一次火灾事故不幸牺牲。

白万珍

白万珍（1921—2010），女，1942年至1948年在晋察冀日报社任勤务员。

曹斗斗

曹斗斗（？—1943），河北平山人。曾在晋察冀日报社做饲养员，武装梯队的骨干。1943年9月24日，在反"扫荡"战斗中，报社机关在灵寿县北营村遭遇日军，在战斗中不幸牺牲。后与胡畏、黄庆涛、弓春芳、侯春妮、郑磊俊、安志学等在反"扫荡"中牺牲的同志一起被安葬在阜平县马兰村。

戴国卿

戴国卿（1926—2016），曾用名戴国柱、戴胜、戴鸿斋，河北保定人，中共党员。1941年在晋察冀日报社做医务工作。1944年底，由于家中变故，父亲来到报社要求作为长子的戴国卿回家。邓拓与戴国卿进行了谈话，叮嘱他路上注意安全，处理完事务要及时回到报社。但由于报社转移，与报社失去联系，便在石家庄加入部队，参加了解放战争、抗美援朝战争。2016年2月11日因病在北京逝世。

丁国堂

丁国堂（1909—1990），中共党员。1942年至1948年在晋察冀日报社工作，任行政管理科科长。1949年后曾任建材部老干部局局长。

高 济

高济（1920—），河北安国人，中共党员。1940年入晋察冀军区白求恩卫生学校学习半年。后任晋察冀军区白求恩卫生学校附属医院二所护士班长。北方局卫生队副护士长，晋察冀日报社一分厂卫生所司药、护士长。

顾青牛

顾青牛（1933—），河北行唐人，中共党员。1948年1月，从老家河北省行唐县老牛沟来到河北省阜平县晋察冀日报社，在厨房帮助搞卫生。后从阜平县搬到河北省平山县里庄，被分到人民日报社发行组当勤务员，后调到收发室电报室，工作为夜里收好了电文送到总编室。

韩增堂

韩增堂（？—1945），河北平山人，中共党员。七七事变后，积极投身抗日工作。1939年调晋察冀日报社工作，任行政管理科科长。1945年8月负责受降工作时被敌人杀害，光荣牺牲。

郝成林

郝成林（1925—），河北阜平人，中共党员。1938年到晋察冀日报社工作，为社长邓拓的勤务员，两年后任通讯班长。1942年根据地进行"精兵简政"，复原回家，先后在五丈湾、康家峪、冯家口村、龙门、马驹石、黄岸底从事教学工作。

焦世义

焦世义（？—1947），河北阜平人，中共党员。曾在晋察冀日报社行政管理部门工作。1947年病逝。

李双秋

李双秋（1925—1940），河北唐县人。1940年初在晋察冀日报社行政管理部门负责管理文件。在1940年冬季的反"扫荡"中，被敌寇包围惨遭杀害。

刘庆贵

刘庆贵（1923—2002），河北阜平人，中共党员。1939年末，经周义民介绍，加入了当时转战在阜平的抗敌报社。不久被派到报社社长邓拓身边做通讯员，主要任务是把编辑好的稿件送到工厂排版打印，再把打印好的报样送交邓拓审阅。1941年秋末，日军对晋察冀边区进行大"扫荡"，报社经常转移，改做电话员，每天背着电话器材徒步跋涉在崇山峻岭间。1945年晋察冀日报社转移时，迫于父母双亡弟妹尚小，留在家乡任阜平县新华书店店长。1949年后曾调任石家庄新华书店书记、总经理，沧州专区新华书店书记、总经理。2002年11月17日因病逝世。

刘宪和

刘宪和（1933—2013），河北枣强人，中共党员。1946年初到晋察冀日报社工作，因年龄小，就给领导当勤务兵。1946年初至1948年6月14日在晋察冀日报社任勤务兵、警卫员。1948年6月15日至1950年，在人民日报社任保管员、警卫员。1950年至1953年在北京新闻总署任通讯员、警卫员。1953年至1956年在新华社摄影部任资料员。2013年6月24日因病逝世。

刘义庭

刘义庭（1932—），河北阜平人，中共党员。1946年春在晋察冀日报社参加革命工作。1949年春，在人民日报社从河北获鹿县东焦村、平山县里庄等地迁往北京，先在群工部人民园地组做收发信函文件工作。1957年开始在人民日报社保卫科、保卫处工作。

刘志祥

刘志祥（1910—1999），河北阜平人，中共党员。先后在冀晋日报社、晋察冀日报社、人民日报社工作。1999年5月16日因病在北京逝世。

吕　枫

吕枫，生卒年不详，女，曾用名吕耀华、沈毅，山西忻州人，中共党员。1946年调晋察冀日报社经理部任指导员，开展战时准备和报社搬迁阜平根据地工作。

罗一德

罗一德（1915—2011），河北阜平人，中共党员。1939年2月到抗敌报社工作，先任邓拓社长的通讯员，三个月后任采购员，"十大采购员"之一。1941年，报社开展"红五月突击竞赛"，十大采购员四面出击，采购了几万元的物资。与王中正、黄国良被授予"劳动先锋员"称号。1948年底调新华印刷厂。

苏　生

苏生（？—1940），河北人。1940年参加晋察冀日报社工作。在反"扫荡"中，兼任卫生员照顾病号。9月在平山滚龙沟被敌包围于二庄西轿山上，遭敌残酷刺杀，英勇牺牲。

孙秉寿

孙秉寿（1929—1948），河北阜平人。1946年参加晋察冀日报社工作，任报社通信兼勤务员。1948年夏季在平山县因病逝世。

孙国义

孙国义，生卒年不详，女，曾在晋察冀日报社任勤务员。

王 云

王云（1915—1980），女，中共党员。1941年至1943年任晋察冀日报社资料室负责人。后曾任察哈尔省保育院院长。

许 力

许力（？—1940），浙江人。从白求恩卫生学校毕业后，调任晋察冀日报社卫生所医生。1940年秋反"扫荡"中，在平山滚龙沟附近照顾分散隐蔽的报社病员。9月下旬在二庄西轿山中弹牺牲。

宇文岁

宇文岁（1927—1988），曾在晋察冀日报社行政后勤部门工作。

宇文喜

宇文喜（1932—2015），河北行唐人，中共党员。1947年到报社工作，分配到社长邓拓住处喂马，后调到电台做通信员，独自负责麻棚、杨柳庄两个电台与邓拓所住地的电报、信函、稿件等运送工作。2015年3月10日因病去世。

负哲平

负哲平（1916—1990），曾用名负维哲，山西芮城人，中共党员。1940年6月调晋察冀日报社任会计。1944年1月调晋察冀中央局纸厂任会计。1990年因病去世。

翟来清

翟来清（1923—1989），河北获鹿人，中共党员。1944年调晋察冀日报社工作,先在发行科,后到管理科任政治指导员,负责勤杂人员的政治思想工作。1989年因病逝世。

张忠民

张忠民,生卒年不详,原名张中能,四川阆中人,中共党员。抗日战争时期,任晋察冀加美医疗队护士班长、晋察冀日报社卫生员。解放战争时期,任原兰州军区教导二旅司令部护士长。

赵继英

赵继英(1924—2018),曾用名赵冀英,河北行唐人,中共党员。1940年到抗敌报社工作。在报社的7年多时间里主要从事后勤工作,先后任会计、管理员、总务科长等,主要任务就是筹集粮草和被服。1948年8月离开人民日报社去华北局党校学习。1951年10月任北京日报社秘书处主任。2018年3月17日因病逝世。

周玉江

周玉江,生卒年不详,在晋察冀日报社任卫生员,后曾在北京结核病研究所工作。

左　珊

左珊（1924—2006），原名王德贵，天津人，中共党员。抗日战争胜利后，进入晋察冀边区，先后在新闻要报社、晋察冀日报社等单位担任会计科长、总会计和会计室主任。组织接管国民党华北报社和北平报社的全部财产，并筹备了《人民日报》进城后的报纸发行工作。2006年3月2日因病逝世。

晋察冀新华广播电台工作人员

陈叙一

陈叙一（1918—1992），原籍浙江定海，出生于湖南长沙。1946年从上海到晋察冀解放区，担任张家口人民广播电台顾问。天津市解放后，立即被派去参加接管电影院的工作，担任天津电影服务社副社长。1949年上海解放后，陈叙一调任上海电影制片厂翻译片组组长。1992年4月24日因病逝世。

丁一岚

丁一岚（1921—1998），女，原名刘孝思，曾用名刘啸诗、于虹、路群，祖籍福建闽侯，生于天津塘沽，中共党员。1938年底赴晋察冀抗日根据地，在河北平山县妇救会工作，兼任晋察冀日报社通讯员。1941年，写下通讯《血的控诉》发表在《晋察冀日报》上，反映平山县年轻的抗日积极分子陈珍妮被公公和丈夫杀害的事情，呼吁保护妇女权益，引起群众的广泛反响。也因此与邓拓结缘，1942年二人结为夫妻。同年10月调到晋察冀日报社工作，曾任资料员、编辑。1945年开始任晋察冀新华广播电台播音科长。1948年7月晋察冀新华广播电台与陕北新华广播电台合并后，任播音组副组长。1949年初，播送了毛泽东主席的新年献词《将革命进行到底》。1949年10月1日与齐越在天安门城楼上共同直播中华人民共和国开国大典实况。1949年10月受命组建北京市人民广播电台，任第一任台长。1998年9月16日在北京病逝。

先后整理出版了《人民新闻家邓拓》《邓拓诗词选》《邓拓藏画选集》《邓拓文集》《邓拓诗词墨迹选》《邓拓书法作品选》《邓拓诗集》和《邓拓全集》等。还和《晋察冀日报》的战友一起编辑、出版了《晋察冀日报大事记》《晋察冀日报史》。

傅英豪

傅英豪（1917—1994），祖籍河北青县，出生于辽宁沈阳，中共党员。到延安后，创办延安新华广播电台，并担任台长。张家口解放后，任张家口新华广播电台主任。1994年9月23日因病去世。

胡　旭

胡旭（1918—2009），满族，正蓝旗，山东青州人，中共党员。1938年12月调一分区战线剧社任戏剧队长、社长。抗日战争胜利后，曾任张家口人民剧院副院长，华北军区电影队副队长，并率华北电影队摄影组进行战地采访，完成新闻纪录片《解放战争新闻第一号》。1948年5月至12月在陕北新华广播电台筹办文艺广播。曾任北平人民广播电台文艺科科长、中央人民广播电台文艺部副主任、北京电视台副主任等。

江 炎

江炎（1924—），原籍广东五华，出生于澳门，中共党员。1943年在广西《八步日报》任副刊编辑。1946年到晋察冀解放区，在华北联合大学学习。1947年8月在晋察冀解放区救济总署任翻译。同年12月调任晋察冀新华广播电台新闻编辑。1948年5月在陕北新华广播电台任新闻编辑。1949年3月在中央电台新闻组任编辑、副组长。

蒋金涛

蒋金涛（1912—1972），女，中共党员。曾在晋察冀日报社及广播电台担任广播员和编辑科长。

蓝文长

蓝文长（1928—），女，曾用名徐夫，江苏吴江人，生于北京，中共党员。1945年底调入晋察冀军区通信联络处工作。

李敦白

李敦白（1921—2019），原名悉尼·里滕伯格，犹太裔美国人，中共党员。1946年到张家口。此时，解放区为加强同美国的沟通，正在筹建一个英文电台，需要精通英文的人员，遂决定留在新华社晋察冀总分社。1946年10月19日到达延安，担任新华社英文广播组顾问。著有《红幕后的洋人：李敦白回忆录》。2019年8月24日因病逝世。

林　明

林明（1923—2016），原名丛祥滋，曾用名陈湘，山东文登人，中共党员。1945年8月以新华社冀察支社记者身份，随前线记者团（团长雷行）进入张家口，参加创建张家口新华广播电台，任电台主任。11月到新华社察哈尔分社及新察哈尔报社任特派记者。1946年10月受组织委派到新华社冀热察分社及冀热察导报社任特派记者。1949年5月参加解放青岛的工作，受命接管青岛广播电台，创建青岛人民广播电台，任台长兼总编辑。

柳　荫

柳荫（1915—2005），曾用名单皎痕，吉林扶余人，中共党员。

1945年抗日战争胜利后，调任新华社晋察冀总分社任特派记者。同年和晋察冀日报社编辑郑佳结婚，共同参加张家口新华广播电台的创建。1948年初任晋察冀新华广播电台编辑科科长、代编辑主任。1948年5月，党中央从陕北转移到平山县的西柏坡，晋察冀新华广播电台并入陕北新华广播电台。

唐　旦

唐旦（1917—?），女，祖籍江苏吴县，北京人，中共党员。1940年到延安参加创建延安新华广播电台。1940年12月30日试播时，担任了第一任播音员，后任调配组组长。1943年电台停播后调任军委三局器材厂任试验员。1945年调任张家口新华广播电台技师兼秘书。1946年调入晋察冀军区通讯联系处，任技术室主任、电信工厂技术主任。1949年调入天津军管会电讯处，负责接管工作，同年调任北京电信总局技术员。

王仁德

王仁德（1918—1980），河北磁县人，中共党员。1939年后担任新华社察哈尔分社外勤记者、晋察冀日报社前线记者等。在《晋察冀日报》上发表的《龙烟铁矿的"少年队"》一文，揭露和控诉了日寇犯下的滔天罪行。日本投降后，雷行、王仁德、林明负责接管敌伪广播电台，筹建张家口新华广播电台，王仁德负责宁远发射台工作。1980年8月因病在郑州逝世。

王志轩

王志轩（1931—），北京人，中共党员。1947年6月起在晋察冀新华广播电台任通讯员。1948年6月在平山新华总社任通讯班副班长。济南解放后，随黎韦、杨洁等同志一起前往济南接管国民党山东广播电台。

魏　琳

魏琳（1924—），女，原名蒋琳琳，浙江杭州人，出生在上海，中共党员。1946年7月，分配到晋察冀新华分社广播电台，从事播音工作。1946年7月15日开始了第一次播音。当时英语广播的主要内容是国民党制造军事摩擦的新闻，也有社论、时事评论，还会播送像嫦娥奔月等介绍中国传统文化的专稿。1949年后一直在国际广播电台担任英语播音员。

杨 洁

杨洁（1929—2017），女，祖籍四川营山，生于河南信阳。1945年被父亲杨伯恺委托张友渔送到陕甘宁边区首府延安，后转赴张家口，进入华北联合大学。曾任晋察冀新华广播电台播音员、陕北新华广播电台播音员、济南新华广播电台播音科科长。1954年从青岛人民广播电台调至中央人民广播电台。1958年由中央人民广播电台调到北京电视台（中央电视台前身）任导演。1982年组建剧组开始拍摄《西游记》，于1987年完成。《西游记》播出后成为中国电视剧的经典之作，也是几代中国人共有的银屏记忆。著有《敢问路在何方：我的30年西游路》《杨洁自述：我的九九八十一难》。2017年4月15日因病在北京逝世。

甄顺德

甄顺德（1929—），河北唐县人，中共党员。在晋察冀电讯工程专科学校受训之后，到晋察冀新华广播电台任调配员（值机员）。晋察冀新华广播电台撤销并入陕北新华广播电台后，1948年7月在陕北新华广播电台从事值机员工作。1949年后在中央人民广播电台第一转播台负责值机员工作。

郑 还

郑还（1923—），福建福州人，中共党员。1947年初参加张家口新华广播电台的重建工作。1949年后，长期在军事科技教育战线担任教学、科研和领导工作。

郑 佳

郑佳（1920—2005），女，天津人，中共党员。1941年任晋察冀边区政府科员、晋察冀边区边政导报社编辑。1945年任张家口新华广播电台编辑。1947年任晋察冀新华广播电台编辑。1948年任新华总社口播部编辑。1949年后在中央人民广播电台工作。

郑 宁

郑宁（1923—），女，原名古兆珍，广东中山人，中共党员。1946年冬到解放区，然后在华北联合大学政治班学习，毕业后到晋察冀新华广播电台任播音员。晋察冀新华广播电台撤销并入陕北新华广播电台后，在陕北新华广播电台任播音员。1949年3月进入北平，参加中央人民广播电台对华侨广播工作，任华侨组组长。

智世明

　　智世明（1924—），女，原名智维桂，山西定襄人，中共党员。在晋察冀边区第二专区大众剧社任演员，先后出演小歌剧《拴不住》、话剧《怕记不住》《八百壮士》、歌舞剧《参加八路军》、舞蹈《蝴蝶舞》《乌克兰舞》等。1942年冬调七月剧社任演员，参演小歌剧《兄妹开荒》《夫妻识字》、话剧《灯蛾记》《田营镇》《粮食》、河北梆子《血泪仇》等。1945年调抗敌剧社参演话剧《戎冠秀》《子弟兵和老百姓》《妯娌俩》。1957年任上海电影制片厂党委委员兼创作室党支部书记。1986年参加晋察冀文艺研究会。